RÜDIGER LUX

Grenzgänge des Glaubens

Auf den Spuren des Unsichtbaren

Reden und Texte

RADIUS

Rüdiger Lux, 1947 in Jena geboren, 1965 bis 1970 Studium der Evangelischen Theologie in Halle und Greifswald; anschließend Forschungsstipendium und Vikariat; 1974 bis 1985 Gemeinde- und Studentenpfarrer in Cottbus und Halle/Saale; 1977 Promotion in Leipzig; 1992 Habilitation in Halle; 1993 bis 1995 Universitätsprofessor an der Pädagogischen Hochschule Erfurt-Mühlhausen; 1995 bis 2012 Professor für Altes Testament an der Universität Leipzig; 2005 und 2008 Gastprofessor an der Benediktiner-Abtei Dormitio in Jerusalem; 2011 Predigtpreis des Verlags für die Deutsche Wirtschaft AG; Mitglied der Sächsischen Akademie der Wissenschaften. Zuletzt sind ein Buch über Hiob und ein Predigtband erschienen (Leipzig 2012 bzw. 2013).

ISBN 978-3-87173-972-9

Umschlag: André Baumeister
Auf holz- und säurefreiem Werkdruckpapier gedruckt
Gesamtherstellung: CPI – Clausen & Bosse, Leck
Printed in Germany

Vorwort

Grenzen gehören zu den Bedingungen des Menschseins, Grenzen des Raumes, der Zeit und des Handelns. Es ist aber gerade diese Erfahrung der Grenze, die den Menschen immer wieder dazu herausfordert, die ihm vorgegebenen Räume, Zeiten und Handlungsmöglichkeiten zu überschreiten, sein Leben zu transzendieren. Daher gehört es zum menschlichen Leben, bis an die Grenze zu gehen – und auch darüber hinaus! Auf diese Weise wurde das Phänomen der Grenze zu einem Kulturgenerator ersten Ranges. Darin unterscheidet sich der areligiöse Mensch kaum vom religiösen Menschen. Der Unterschied liegt nicht im Drang, Grenzen zu überschreiten, sondern in dem Gepäck, das ein Mensch mitnimmt bis an die Grenze und darüber hinaus. Der in der jüdischen und christlichen Tradition aufgewachsene Mensch hat die Bibel im Gepäck. Sie enthält einen riesigen Erfahrungsschatz, den Menschen in mehr als tausend Jahren auf ihren Grenzgängen des Glaubens gesammelt haben. Es sind Erfahrungen in den Spuren des unsichtbaren Gottes JHWH, der nach den biblischen Schriften immer wieder die Grenze zwischen Diesseits und Jenseits, sich selbst und dem Mensch durchbrochen hat, um diesem in der Welt und seinem Leben, in Freude und Schmerz, Gelingen und Versagen nahe zu sein.

Die folgenden Reden und Texte, die in den letzten Jahren zu ganz unterschiedliche Gelegenheiten vorgetragen worden sind, verstehen sich als Versuch, diesen Grenzgängen des Glaubens nachzugehen. Das geschieht in der Hoffnung und der Gewissheit, dass auch der heutige Mensch nach wie vor lebensdienliche »Erfahrungen mit der Erfahrung« machen kann (*E. Jüngel*), die die Grenzgänger des Glaubens in Israel und Kirche gemacht haben. Gleichzeitig sind die Texte dieses Bandes von der Absicht bestimmt, zu einem Transfer zwischen theologischer Wissenschaft und interessierten Laientheologen beizutragen. Einige wurden bereits an entlegener Stelle veröffentlicht. Mit dieser Sammlung sollen sie einem breiteren Leserkreis zugänglich gemacht werden. Hebräische Worte wurden in einer vereinfachten Umschrift wiedergegeben, die es dem des Hebräischen nicht kundigen Leser erlaubt, diese in ihrer Aussprache ohne große Schwierigkeiten nachzuvollziehen.

Dem Leiter des Radius-Verlages, Wolfgang Erk, danke ich für die Anregung zu diesem Band. Schließlich gilt mein Dank meiner Frau für ihren klugen Rat bei der Auswahl der Texte und ihrer sprachlichen Bearbeitung.

Leipzig im Juli 2014 *Rüdiger Lux*

B^e^reschit

Das erste Wort der Bibel*

1. Im Anfang waren Kopf und Sprache

Mit dem ersten Wort der Hebräischen Bibel, *b^e^reschit*, beginnt das Geheimnis der Schöpfung. So, wie wir nicht wissen, wie die Welt entstand, weil keiner von uns dabei gewesen ist, so wenig wissen die Ausleger der Hebräischen Bibel, wie das Wort *b^e^reschit* eigentlich zu übersetzen sei. Syntax und Semantik lassen mehrere Möglichkeiten zu. Welche die richtige ist, darüber streiten sich die Gelehrten und Grammatiker bis zu diesem Tag. Man weiß es nicht.[1] Damit tut sich vor uns ein allgemeines Dilemma auf, das der jüdische Religionsphilosoph *Franz Rosenzweig* in einem Aufsatz über »Die Schrift und Luther« auf den Punkt gebracht hat:

> »Übersetzen heißt zwei Herren dienen. Also kann es niemand. Also ist es wie alles, was theoretisch besehen niemand kann, praktisch jedermanns Aufgabe. Jeder muß übersetzen und jeder tuts. Wer spricht, übersetzt aus seiner Meinung in das von ihm erwartete Verständnis des Andern, und zwar nicht eines unvorhandenen allgemeinen Anderen, sondern dieses ganz bestimmten, den er vor sich sieht und dem die Augen, je nachdem, aufgehen oder zufallen.«[2]

Daher übersetze ich zunächst das erste Wort der Hebräischen Bibel, *b^e^reschit*, nicht anders als die meisten meiner Vorgänger mit den beiden deutschen Worten »Im Anfang«. Und weil Sprache nicht aus Wörtern, sondern aus Sätzen

---

* Vortrag zum Sommerfest der Evangelischen Akademie in Lutherstadt Wittenberg im Juni 2011, das unter dem Motto »Anfänge« gefeiert wurde.

[1] Vgl. zu den unterschiedlichen Möglichkeiten *C. Westermann*, Genesis 1-11, BK I/1, Neukirchen-Vluyn 1974, 130-136.

[2] *F. Rosenzweig*, Der Mensch und sein Werk. Gesammelte Schriften 3. Zweistromland, Dordrecht 1984, 749.

besteht, füge ich dieser Zeitbestimmung das Subjekt, Prädikat und Objekt hinzu: »Im Anfang schuf Gott den Himmel und die Erde« (Gen 1,1). Es geht also nicht um irgendeinen Anfang, nicht um den Anfang als solchen, sondern um einen ganz bestimmten Anfang, um den von Himmel und Erde; um den Anfang dessen, was uns, dem Menschen, immer schon voraus war und ist. Ein Anfang, der – nach menschlichem Ermessen – auch immer noch sein wird, wenn wir einmal nicht mehr sind. Wer *b^{e}reschit* sagt, redet im Grunde von etwas, worüber der Mensch gar nicht reden kann, von einem Geschehen, das sich nicht *in* Raum und Zeit abgespielt hat, die erst erschaffen werden mussten, sondern *jenseits* von Raum und Zeit. Und obwohl der Mensch über diesen Anfang eigentlich gar nichts sagen kann, weil er sich unserem diesseitigen Wissen und unserer Vorstellungskraft entzieht, ist er seit Jahrtausenden nicht müde geworden, von ihm zu reden. Warum tut der Mensch etwas, was er nicht kann? Warum redet er über etwas, über das sich nichts mitteilen lässt? Weil er einen Kopf hat, eine Zunge und einen Mund, mit dem er sprechen kann. Weil ihm das Wunder der Sprache widerfuhr! Das Wunder der Sprache besteht darin, dass sie die Grenzen von Raum und Zeit zu überschreiten vermag. Die Sprache hat die Kraft, dem Menschen eine Tür in das Jenseits des Vorstellbaren aufzustoßen. Denn so, wie uns die Welt, die Zeit und der Raum, immer schon voraus waren, so auch die Sprache. So, wie wir in die Welt hineingeboren wurden, so auch in die Sprache. In der Welt und in der Sprache findet sich der Mensch immer schon vor. Welche Welt also erschließt uns das geschriebene und gesprochene erste Wort der Bibel, *b^{e}reschit*?

Das Wort besteht – und hier muss wenigstens für einen Moment Philologie getrieben werden – aus der hebräischen Präfixpräposition *b^{e}*, die die Bedeutungen »in/an/bei/durch« haben kann und dem Nomen *reschit*, das den »Anfang« oder »Beginn« eines Jahres, einer Königsherrschaft, eines Streites, einer Rede bezeichnen kann, aber auch die »Erstlinge« von Mensch und Vieh oder die »Erstlingsfrüchte« des Feldes bzw. das »Beste« seiner Früchte. Der Gegenbegriff zu *reschit* ist das hebräische Nomen *ach*^{a}*rit*, das in lokaler Bedeutung das Ende eines Weges oder die Rückseite einer Sache bezeichnet; temporal bedeutet *ach*^{a}*rit* das Ende, den Ausgang oder auch die Zukunft einer Sache, eines Geschehens und der Zeit. So heißt es im Buch Qohelet/Prediger Salomo:

> »Besser ist der Ausgang (*ach*^{a}*rit*) einer Sache als ihr Anfang (*reschit*).« (7,8)

In unserem Falle hat das Nomen *reschit* zusammen mit der Präfixpräposition *b*^{e} ebenfalls eine temporale Bedeutung und markiert den Anfang von Himmel und Erde.

Wer sich in die Etymologie des Wortes *reschit* vertieft, kann daraus lernen, dass selbst in den Abstraktbildungen hebräischer Nomina immer noch ein Rest konkreter Anschauung steckt. Denn das Nomen *reschit* ist abgeleitet von dem Primärnomen *rosch*, das den »Kopf« bzw. das »Haupt« eines Menschen bezeichnet, im übertragenen Sinne dann aber auch das »Oberhaupt« einer Familie, eines Stammes oder Volkes, oder den »Gipfel« eines Berges.

Teilt uns danach das erste Wort der Bibel eben nicht nur den Anfang von Himmel und Erde mit, sondern schwingt in dem Wort auch die Bedeutung der »*Haupt*sache« mit? Verbirgt sich in dem Wort eine Ahnung davon, dass hier etwas von oben her, eben vom Kopf her geschah und nicht von unten her, aus dem Bauch heraus, aus der *t*^{e}*hom*, der »Urtiefe«, dem »Urmeere«, das im alten Orient für das Chaos stand? War die Schöpfung, die Entstehung des Kosmos, eine Sache des »Kopfes«, dem sie entsprang, also doch mehr »*intelligent design*« als Evolution und natürliche Selektion?

Ein hebräisches Wort, und schon sind wir mitten drin in der Debatte über den Kreationismus, der glaubt, er könne den Wahrheitsgehalt der Aussagen der Bibel über die Schöpfung gegen die Naturwissenschaften dadurch verteidigen, dass er Gott zum intelligenten Designer erklärt.[3] Während Hamlet deklamiert: »Sein oder Nichtsein, das ist hier die Frage«, verlaufen sich einige Kreationisten im Labyrinth, an dessen Eingang die Parole »Sein oder Design« geschrieben steht. Wer in derartigen Alternativen denkt, gleicht denjenigen Talmudschülern, die mit viel Scharfsinn die Frage zu klären suchten, ob der Mensch vom Kopf oder von den Füßen her wächst:

> »A: ›Was meint ihr: wächst der Mensch von oben her oder von unter her?‹
> B: ›Von oben. Ich habe letztlich eine Reihe Soldaten gesehen. Oben waren sie ungleich. Aber unten waren alle gleich.‹
> C: ›Falsch. Von unten. Wenn einer wächst, dann wird ihm die Hose nicht oben zu kurz, sondern unten.‹«[4]

Wer darauf beharrt, dass die Schöpfungserzählungen der Bibel auch als naturwissenschaftliches Handbuch der Entstehung des Kosmos gelesen werden können, verfehlt wie die Talmudisten das Problem, das es zu klären gilt. Denn bereits mit dem ersten Wort der Bibel geht es nicht nur um die Frage nach dem zeitlichen Anfang des Universums und seiner Entstehung, sondern um die »*Haupt*sache« dessen, was sich überhaupt von Gott, Welt und Mensch sagen lässt. Was aber ist diese »*Haupt*sache«? Dies, dass der Mensch darüber, worüber er nichts weiß, immer noch sprechen kann, dass die Sprache den Kerker menschlicher Vorstellungen und menschlichen Wissens sprengt? Der natürliche Kosmos und der Sprachkosmos umfassen das Ganze von Gott, Welt und Mensch, das menschlicherseits unaus-

---

[3] Vgl. dazu die Beiträge in dem Band von *B. Janowski/F. Schweitzer/Chr. Schwöbel* (Hg.), Schöpfungsglaube vor der Herausforderung des Kreationismus (Theologie Interdisziplinär 6), Neukirchen-Vluyn 2010.

[4] *S. Landmann*, Der jüdische Witz, Freiburg ⁶1968, 64.

schöpfbar bleibt. Von diesem Ganzen kann sich der Mensch aber nur ein Bild machen, indem er davon sprechen kann. *Wilhelm von Humboldt* hat dies auf die knappe Formel gebracht: »Der Mensch ist nur Mensch durch Sprache.«[5] Die Sprache aber verbindet den Menschen wie kein anderes Medium mit dem, der er nicht ist, mit Gott, dem Schöpfer. Ja, ist nicht die Sprache das Schöpferische schlechthin? »Gott sprach: Es werde Licht. Und es ward Licht« (Gen 1,3). Hat Gott die Welt nicht ins Dasein *gerufen*? Und ist damit nicht Gottes Ruf und Gottes Wort eingegangen in die Welt? Sind sie nicht eins, ineinander verschlungen und untrennbar miteinander verbunden, Schöpfung und Sprache, (gr.) *poiäsis* und Poesie? Ist die Welt Gottes Gedicht? Die Psalmbeter wussten um dieses Geheimnis der Einheit von Schöpfung und Sprache.

> »Die Himmel erzählen die Ehre Gottes
> Und die Feste verkündigt seiner Hände Werk.
> Ein Tag sagts dem andern,
> ohne Sprache und ohne Worte;
> unhörbar ist ihre Stimme.
> (Und doch)
> Ihr Schall geht aus in alle Lande
> Und ihr Reden bis an die Enden der Welt.« (Ps 19,2-5)

Die Schöpfung, das Wort Gottes, ist ein Anruf an den Menschen aus dem ihm vorgegebenen Reich der Sprache. Die dem Menschen in der Sprache und durch die Sprache zugeeignete Welt ist das ihm zugedachte, zugesprochene Wort, das auf eine Antwort wartet. Liegt nicht auch darin die Wahrheit des ersten Satzes des Johannesevangeliums verborgen: »Im Anfang war das Wort« (Joh 1,1)?

---

[5] *W. v. Humboldt*, Gesammelte Schriften. Hrsg. von der Königl. Preuß. Akad. d. Wiss., 1. Abt., Bd. IV, Nachdruck Berlin 1968, 15.

2. Im Anfang waren Buchstabe und Schrift

In der jüdischen Vorstellungswelt existierten vor dem Himmel und der Erde bereits die Buchstaben. Sie stellte man sich als eigene Wesenheiten vor, die dem Schöpfer einiges zu denken gaben. So erzählen die Rabbinen folgende Geschichte.[6] Das erste Wort der Bibel Israels, *b^e^reschit*, beginnt merkwürdigerweise mit dem zweiten Buchstaben des hebräischen *Alef-Bets*, mit dem *Bet*. Darüber sei der erste Buchstabe, das *Alef*, alles andere als erfreut gewesen. Wie konnte ihm der Schöpfer solche Schmach antun? Daher führte er Klage vor dem Ewigen: »Herr der Welt, warum hast du die Tora, die Schöpfung mit dem *Bet* erschaffen, dem Zweitling, und nicht mit mir, dem Erstling im Reich der Buchstaben?« Solche Fragen bringen selbst den Ewigen, gelobt sei er, aus der Fassung. Er zog sich zurück, um zu grübeln. Schließlich rief er die beiden Streithähne zu sich und erklärte: »*Alef*, ich habe die Tora nicht mit dir beginnen lassen, weil am Anfang der Schöpfung kein Fluch stehen sollte.« Denn *Alef*, das ist auch der erste Buchstabe von *arur*, und das heißt *verflucht*. *Bet* hingegen, das ist der erste Buchstabe von *b^e^racha*, und das heißt *Segen*. »Kein Fluch, sondern ein Segen sollte am Anfang der Welt stehen. Wenn ich aber zum Herzstück der Tora komme, zum Zehnerwort vom Sinai, dem Dekalog« – so tröstete der Ewige das *Alef* –, »dann will ich dir den Vorzug geben.« Denn die Zehn Gebote beginnen mit dem Wort *anochi*, »*Ich* bin der Herr dein Gott, der dich aus Ägyptenland, aus dem Knechtshaus geführt hat« (Ex 20,2). So schenkte Gott der Welt, noch bevor er sie erschuf, das *Bet*, und mit dem *Bet* den Anfang des ersten Wortes der Bibel, *b^e^reschit*, und mit diesem Anfang den Segen. Er, der Segen, stand und steht am Anfang, vor allen Anfängen, die er mit mir und mit dir gemacht hat und immer neu machen wird.

---

[6] Vgl. dazu *J. Ebach*, Die Bibel beginnt mit »b«. Vielfalt ohne Beliebigkeit, in: Ders., Gott im Wort. Drei Studien zur biblischen Exegese und Hermeneutik, Neukirchen-Vluyn 1997, 93.

Dieses narrative Kapitel jüdischer Sprachphilosophie und Sprachtheologie wurde schließlich dahingehend erweitert, dass es vor der Schöpfung nicht nur die Buchstaben als Bausteine der Welt gab, sondern bereits die gesamte Tora, die fünf Bücher Mose, die den Bauplan der Welt darstellen. Bevor es die Welt gab, gab es also bereits die Heilige Schrift. Sie, die präexistente Tora, ist die Blaupause, nach der der Schöpfer die Welt erschaffen hat. Denn Gott hat die Schöpfung gleichsam aus der Tora herausgelesen.

> »Rabbi Eleazar sagte ja, wenn nicht die Tora (gewesen wäre), würden Himmel und Erde nicht bestehen: *wenn nicht mein Bund bei Tag und bei Nacht, so würde ich die Gesetze des Himmels und der Erde nicht gemacht haben!*« (bPesachim 68b)

So kam zum Buchstaben die Schrift, und zur Schrift schließlich die unvergleichliche Tat Gottes, die kein Mensch ins Werk setzen konnte und kann, die Erschaffung des Himmels und der Erde.

Und weil Gottes Wort und Gottes Tat eins sind, untrennbar und unauflöslich, deswegen kennt die hebräische Sprache ein Verb, das sie nur für den Schöpfer reserviert hat, *bara* – »schaffen«. Dieses Verb hat nur Gott zum Subjekt und niemals den Menschen. Gott tut, was er sagt, und er sagt, was er tut. Sein Wort und seine Tat sind eines. Das Wort und die Tat des Menschen sind aber immer wieder Zweierlei. Wie oft sagt der Mensch nicht, was er tut, und wie oft tut er nicht, was er sagt? Damit der Mensch weiß, wie es um ihn steht, deswegen hat der Schöpfer ihm die präexistente Tora und in ihr das Zehnerwort vom Sinai gleich zweimal offenbart (Ex 20,1-17; Dtn 5,6-21), auf dass das Wort und die Tat wieder eins werden, der Bauplan Gottes und des Menschen Pläne nicht uferlos und endlos auseinander laufen, um sich im Nichts und im Nichtigen zu verlieren.

3. Im Anfang war nicht nichts

Wenn es sich mit dem Anfang so verhält, dann wissen wir im Grunde jetzt bereits: Im Anfang war nicht nichts! 1854 aber hat *Friedrich Wilhelm Joseph Schelling* in seiner »Philosophie der Offenbarung« erklärt:

> »Gerade Er, der Mensch, treibt mich zur letzten verzweiflungsvollen Frage: warum ist überhaupt etwas? Warum ist nicht nichts?... Kann ich jene letzte Frage nicht beantworten, so sinkt alles andere für mich in den Abgrund eines bodenlosen Nichts.«[7]

Auch die Zeit ist von dieser Grundfrage der Philosophie affiziert. Warum hat – wie der weise Kohelet deklamiert – »alles seine Zeit« (3,1)? Warum ist überhaupt Zeit und nicht Zeitlosigkeit, Anfang und nicht Anfangslosigkeit? Oder versinkt nicht letztlich doch alle Zeit in einer bodenlosen Nicht-Zeit, die wir aus Mangel an Wissen und Vorstellungskraft Ewigkeit zu nennen pflegen? Bekanntlich hat sich *Thomas Mann* diese Frage aufgedrängt als er daran ging, seine Josephstetralogie zu schreiben:

> »Tief ist der Brunnen der Vergangenheit. Sollte man ihn nicht unergründlich nennen?... Da denn nun gerade geschieht es, dass, je tiefer man schürft, je weiter hinab in die Unterwelt des Vergangenen man dringt und tastet, die Anfangsgründe des Menschlichen, seiner Geschichte, seiner Gesittung, sich als gänzlich unerlotbar erweisen und vor unserem Senkblei, zu welcher abenteuerlichen Zeitlänge wir seine Schnur auch abspulen, immer wieder und weiter ins Bodenlose zurückweichen.«[8]

Danach ist alles Reden vom Anfang relativ, weil der Mensch, wenn er in die Tiefe der Zeit hinabsteigt, sich von einem Anfang zum nächsten tastet. Gibt es den Anfang aller Anfänge in der Zeit, einen absoluten Anfang, der kein

---

[7] *F. W. J. Schelling*, Philosophie der Offenbarung, Hamburg 2012, 46.
[8] *Th. Mann*, Gesammelte Werke, Bd. 3, Berlin 1955, 5.

Vorher kennt und zulässt? Die Astrophysik arbeitet mit dem Denkmodell des Urknalls, mit dem unser Universum seinen Anfang nahm. Die Vorstellung von der *creatio ex nihilo* begegnet erstmals im 2. Buch der Makkabäer (2. Jh. v. Chr.):

> »Ich bitte dich, mein Kind, schau dir den Himmel und die Erde an; sieh alles, was es da gibt, und erkenne: Gott hat das aus dem Nichts erschaffen, und so entstehen auch die Menschen.« (2Makk 7,28)

Wie es dazu kam, dass der Gedanke einer »Schöpfung aus dem Nichts« überhaupt gedacht werden konnte, ist nicht mehr mit letzter Sicherheit aufzuklären. Wahrscheinlich sollte er der Verteidigung der Souveränität, der Allmacht und des freien Willens Gottes dienen, der die Welt eben nicht aus Vorgegebenem, aus einer Urmaterie, geschaffen habe, sondern gleichsam aus sich selbst heraus als einen Akt seines freien Willens. Zu einer theologischen und philosophischen Ausformulierung des Gedankens kam es aber erst in der alten Kirche im 2. Jh. n. Chr.[9]

Am Anfang also das Nichts? Lässt sich denn das Nichts überhaupt denken? Entzieht es sich nicht jedem menschlichen Zugriff? Und was hat Gott dann eigentlich getan, bevor er die Welt erschuf? Hat er sich mit dem Nichts vergnügt oder gelangweilt? *Martin Luther* wird nachgesagt, er habe auf solche Fragen erwidert: Vor der Schöpfung habe Gott Ruten geschnitten für die bösen Buben, die solch vorwitzige Fragen stellen.[10] Der Bibel selbst ist der Gedanke einer *creatio ex nihilo* in seiner Abstraktheit und damit auch der eines absoluten Anfangs noch weitgehend fremd. Auch vor dem Anfang, von dem mit dem ersten Wort der Bibel die Rede ist, war nicht nichts, sondern etwas. Darin

---

[9] Vgl. *O. Keel/S. Schroer*, Schöpfung. Biblische Theologien im Kontext altorientalischer Religionen, Göttingen/Freiburg 2002, 174f.

[10] U.a. überliefert bei *D. Bonhoeffer*, Schöpfung und Fall/Versuchung, München 1968, 17f.

hat die Bibel Israels Anteil am Denken und Erzählen des Alten Orients. Die Welt, in der wir leben, kommt nicht aus dem Nichts, sie hatte eine *Vorwelt*, die als überaus bedrohlich, unfreundlich und lebensfeindlich betrachtet wurde. Mit dem ersten Wort der Bibel, hebräisch *b^e^reschit*, verweisen die Erzähler Israels diese lebensfeindliche Vorwelt in ihre Schranken und setzen mitten in ihr einen neuen Anfang.

4. Vor dem Anfang waren tohu wa-bohu

Diese Vorweltschilderungen[11] haben in unserer Bibel noch ihre Spuren hinterlassen. In den altorientalischen Schöpfungsmythen weisen sie eine häufig wiederkehrende Sprachgestalt auf. Oft beginnen sie mit den Worten *»Als noch nicht war«*. Als noch nicht der Himmel oben und die Erde unten war... Darauf folgt dann die Vorweltbeschreibung: Da gab es noch kein Weideland, das Schilfrohr war noch nicht gewachsen, da waren die Schicksale noch nicht bestimmt, das Haus der Götter noch nicht gebaut, die Ziegelform noch nicht erschaffen, die Lehmziegel waren noch nicht gestrichen usw. Was geschildert wird, ist eine unbewohnbare, ungeordnete, ungeteilte, wüste Welt, oft ein Urozean, der noch das gesamte Erdereich bedeckt.

Wenn man den ersten Satz der Bibel »Am Anfang schuf Gott den Himmel und die Erde« als eine Überschrift über den gesamten Schöpfungsbericht, ja, über die ganze Bibel versteht, dann beginnt der eigentliche Bericht mit solch einer Vorweltschilderung:

> »Und die Erde war *tohu wa-bohu* (wüst und leer, »Irrsal und Wirrsal« übersetzen Martin Buber und Franz Rosenzweig). Und

[11] Siehe dazu die grundlegende Arbeit von *M. Bauks*, Die Welt am Anfang. Zum Verhältnis von Vorwelt und Weltentstehung in Gen 1 und in der altorientalischen Literatur, WMANT 74, Neukirchen-Vluyn 1974.

es war *choschäch* (Finsternis) über dem Antlitz der *t^ehom* (der Urflut), und die *ru^ach* (der Sturmbraus) Gottes fegte über das Antlitz des Wassers.« (Gen 1,2)

Vor dem Anfang war also nicht nichts, vor ihm waren Gott und das *tohu wa-bohu*, Gott und das Urmeer, Gott und das Chaos. Das bestätigt sich auch, wenn man den zweiten Schöpfungsbericht im 2. Kapitel der Bibel daneben legt. Auch er setzt mit den Worten ein:

»Am Tage, an dem JHWH, Gott, Erde und Himmel machte, da war alles Gesträuch des Feldes *noch nicht* auf der Erde, und alles Kraut des Feldes *war noch nicht* aufgesprossen, denn JHWH, Gott, hatte es *noch nicht* regnen lassen auf die Erde, und einen Menschen, um den Acker zu bebauen, *gab es noch nicht*« (Gen 2,4f.).

Alles das also, was für eine lebensfreundliche, Leben ermöglichende Welt notwendig war, gab es noch nicht. Die Vorwelt gleicht einem Chaos, trockener Wüste, unbewachsener, toter Erde ohne jedes Leben.

Und mitten in diesem zeitlosen und grenzenlosen Chaos, diesem *tohu wa-bohu*, setzt Gott nun einen Anfang. Nicht aus dem Nichts, aber aus dieser nichtigen, lebensfeindlichen Vorwelt ruft er Himmel und Erde hervor. Das Chaos wird begrenzt, geordnet, gezähmt, belebt. Und ein Instrument der Ordnung und Zähmung des Chaotischen ist die Sprache. Sprache ordnet und belebt das Seiende. Der Schöpfergott, das ist der Chaosbezwinger, dessen Wort das Chaos ordnet, der dem Urtod das Leben abringt. Schon im ersten Wort der Bibel, *b^ereschit*, glimmt damit ein Funken der Auferweckungshoffnung. Der Gott Israels macht Totes lebendig, er weckt Leben!

5. Im Anfang war Liebe

Die Frage nach dem Anfang dieses Chaos, der Vorwelt, der Urmaterie, dem Urozean, dem Urknall, woher diese kamen, wird in der Bibel nicht gestellt. Sie waren einfach da; sie werden schlicht vorausgesetzt. Macht man sich das einmal klar, dann ist dieser Befund für die Geschichte des menschlichen Denkens und Sprechens von einigem Gewicht. Das Denken und Sprechen des biblischen Menschen geht vom Vorhandenen aus und nicht vom Nichts. Denn das Nichts lässt sich nicht denken und besprechen. Und wer sich denkend an das Nichts verliert, dem stürzt das Vorhandene, die Welt, in das schwarze Loch des Nichtigen ab, das ihn schließlich selbst einsaugt und im Orkus des Nihilismus verkommen lässt. Das Denkspiel mit dem absoluten Nichts ist ein gefährliches, geradezu tödliches Spiel, weil es das Vorhandene, Gegebene verneint, denkend vernichtet, weil es affiziert ist vom »Geist (des Mephistopheles), der stets verneint«.

Der Gedanke einer *creatio ex nihilo*, einer Schöpfung aus dem Nichts, ist daher ein äußerster Grenzgedanke, ein kühnes Wagnis. Dieser Gedanke hat nur darin sein Recht, dass er alles daran setzt, den Menschen dem vernichtenden Nichts zu entreißen. Denn er endet ja gerade nicht im Nichts, im Abgrund des Nihilismus, weil da immer noch einer ist, der vor allem Anfang nicht nichts war, ist und sein wird, nämlich der Schöpfer von Welt und Mensch. Er wird vorausgesetzt, er, der die Welt aus sich selbst heraus gerufen und geschaffen hat.

Die jüdische Kabbala hat den faszinierenden Gedanken des *Zimzum* hervorgebracht, der Kontraktion oder Selbstbeschränkung Gottes. Danach war Gott vor dem Anfang der Welt nicht nichts, sondern alles in allem. Ja, einige jüdische Denker spitzten diesen Gedanken des *Zimzum* noch dahingehend zu, dass Gott – der Gipfel der Paradoxie – zugleich nichts und alles in allem gewesen sei. Doch weil er nicht auf Dauer in einsamer Selbstbezogenheit, Selbstliebe und Allvergessenheit verharren wollte, hat er sich selbst zurückgenommen und beschränkt und damit Raum geschaffen für die Welt und den Menschen.[12] Die Schöpfung ist also ein Akt der Selbstbeschränkung Gottes, ein Akt der Rücknahme seiner selbst um der Welt und des Menschen willen. Und darin erweist sich die Schöpfung als der Urakt der Liebe. Denn die Liebe will nicht bei sich selber bleiben. Sie nimmt sich zurück, sie sucht nicht das Ihre, sie sucht den anderen und das andere (1Kor 13). Sie gibt ihm Raum im Eigenen. Der Schöpfer wollte nicht für sich sein, nicht sich selbst haben. Er will die Welt und den Menschen neben sich. Er will Gemeinschaft durch Sprache, Poesie, Wort und Antwort, einen Raum für das Leben und die Liebe. Darf man, kann man daher sagen: Am Anfang war die Liebe? Man darf und man soll!

[12] Vgl. dazu *G. Scholem*, Zur Kabbala und ihrer Symbolik, Frankfurt a. M. [2]1977, 148f.

Wo ist dein Bruder?

Verantwortung und Schuld in Genesis 4*

Die Urgeschichte der Bibel Israels stellt ihren Lesern drei Fragen, die für die biblische Anthropologie zentral sind. In Gen 3,9 fragt JHWH Adam: *Wo bist Du?* In 4,9 fragt er: *Wo ist Abel, dein Bruder?* Und in 4,10 fragt er: *Was hast du getan?* Es ist 1. die Frage nach dem Ort und der Verantwortung des Menschen vor Gott, 2. die Frage nach der Verantwortung für den Bruder und 3. die Frage nach der Verantwortung für das eigene Tun. Diese Fragen werden uns durch die Erzählung vom Brudermord Kains an Abel führen.[1] Die Erzählung kann man wie das Protokoll einer Bluttat lesen. Und auf den ersten Blick erscheint sie wie ein klarer Fall. Doch gerade das, was klar scheint, steckt mitunter voller Geheimnisse.

1. Eine »schöne Familie«

Mit wenigen Worten werden dem Leser Täter (Kain) und Opfer (Abel) vorgestellt sowie deren Eltern (Adam und Eva) und das soziale Milieu, in dem sie sich bewegen. Der Täter stammt – wie so häufig – aus dem familiären Umfeld des Opfers. Gerade diese Nähe zwischen Täter und Opfer hüllt den Ursprung des Konfliktes in ein abgründiges Dunkel: Wie kann der Bruder des Bruders Mörder sein? Was macht familiäre Nähe und Nestwärme so anfällig für tödliche Verletzungen an Leib und Seele? Ausgerechnet dort, wo Verantwortung und Solidarität ihren ursprünglichen

* Vortrag zum Studientag der Jüdisch-christlichen Arbeitsgemeinschaft in Leipzig im Juni 2012.

[1] Zur Erzählung von Kain und Abel in Gen 1-11 vgl. *B. Janowski*, Jenseits von Eden. Gen 4,1-16 und die nichtpriesterliche Urgeschichte, in: Ders., Der Gott des Lebens. Beiträge zur Theologie des Alten Testaments 3, Neukirchen-Vluyn 2003, 134-156.

Sitz im Leben haben, in der engsten sozialen Gemeinschaft der Familie, kommt es immer wieder zum Scheitern.

Das Rätselhafte der Tat wird durch den »Jubelruf«, mit dem Eva ihren ersten Sohn begrüßt und ihm den Namen »Kain« gibt, noch gesteigert: »Einen Mann habe ich erschaffen/erworben mit (Hilfe von?) JHWH« (V 1b).[2] Wie immer man diesen kaum noch verständlichen, änigmatischen Willkommensgruß der Mutter[3] für ihren ersten Sohn versteht,[4] eines ist deutlich: Name und Herkunft des Täters Kain werden vom Erzähler gründlicher ausgeleuchtet als der Name des Opfers Abel, der keine direkte Deutung erfährt (V 2). Und dabei wird die Geburt des Täters – *horribile dictu!* – in besonderer Weise auf ein Mitwirken oder Dabeisein JHWHs zurückgeführt. Gründet das Geheimnis des Täters und seiner Tat letztlich im Geheimnis Gottes?

Der Name Abel war für den hebräischen Leser auch ohne solch eine direkte Deutung verständlich. Abel entspricht dem hebräischen Nomen *häbäl* »Hauch/Wind«. War ihm auf diese Weise nicht bereits mit dem Namen die Opferrolle auf den Leib geschrieben? Ist Abel der Prototyp des Menschen, der sein Leben zu früh ausgehaucht hat? Die unterschiedlichen Berufsfelder der Brüder deuten immer-

---

[2] Der Name Kain (*qajin*) wird volksetymologisch mit dem Verb *qanah* »schaffen/erwerben« in Verbindung gebracht. Philologisch entspricht er eher dem Nomen *qajin,* »Lanze« bzw. »Metallarbeiter/Schmied«. Vgl. Gen 4,22.

[3] Der Jubelruf über die Geburt des ersten Sohnes erinnert an den Bräutigamsjubel Adams. So, wie dieser als »Mann« (*isch*) nach dem Erwachen aus der »Narkose« Eva als seine »Männin« (*ischah*) begrüßt (Gen 2,23), so begrüßt Eva nach der Geburt Kain als ersten durch eine Frau hervorgebrachten Mann (*isch*).

[4] Siehe dazu die unterschiedlichen Lösungsversuche in den Kommentaren von *B. Jacob*, Das Buch Genesis, Stuttgart 2000; *C. Westermann*, Genesis 1-11, BK I/1, Neukirchen-Vluyn 1974, und *H. Seebass*, Genesis I. Urgeschichte (1,1-11,26), Neukirchen-Vluyn 1996 z. St. Dabei betonen alle, dass eine allseits befriedigende Erklärung von V 1b bisher nicht gelungen sei.

hin ein mögliches Konfliktpotenzial an. Ackerbau und Kleinviehzucht erforderten ein sorgfältig austariertes ökologisches Gleichgewicht. Ein ungezügeltes Wachstum der Herden gefährdete das Kulturland, eine Überdehnung des Kulturlandes beschnitt den Lebensraum der Hirten und ihrer Tiere.[5] Der rational nachvollziehbaren und naheliegenden Erwartung des Lesers, dass der Bruderkrieg seine Wurzeln in der Konkurrenz zweier Berufsgruppen, einer Art Kulturkampf zwischen Bauern und Viehzüchtern habe, wird vom Erzähler aber gerade nicht entsprochen. Kains Fall erweist sich als ein ganz und gar unklarer Fall.

2. Anlass und Motiv der Tat

Das Opfer des Kain erweist ihn als einen frommen Mann (V 3). Und Abel, sein Bruder, steht ihm darin in nichts nach (V 4a). Ausgerechnet die religiöse Handlung, das Opfer, wird zum Anlass des Konflikts.

Die Reaktion Gottes auf das Opfer Abels und Kains wirft Fragen auf. Woran erkannten Kain und Abel, dass ihre Opfer verworfen bzw. angenommen wurden? Und vor allem: Warum verwarf Gott das Opfer des einen, aber nicht das des anderen? Ein Blick in die Auslegungsgeschichte von Gen 4 macht deutlich, dass die Exegeten aller Jahrhunderte immer wieder mit geradezu kriminalistischer Energie nach Antworten auf solche Fragen gesucht haben, die der Erzähler nicht stellt. Er stellt einfach fest: So war es, so ist es! Das fromme Bemühen des einen wird von Gott anerkannt, das des anderen nicht. Scheitert Verantwortung ausgerechnet dort, wo es um religiöse Lebensvollzüge geht? Religion als Ursache für den Kampf der Kulturen von Ackerbauern und Viehzüchtern?

---

[5] Vgl. dazu *R. Neu*, Von der Anarachie zum Staat. Entwicklungsgeschichte Israels vom Nomadentum zur Monarchie im Spiegel der Ethnosoziologie, Neukirchen-Vluyn 1992, 79ff.

Warum lässt der Erzähler diese Leerstelle im Text? Die rezeptionsästhetische Forschung behauptet: um die Mitarbeit des Lesers am Text zu provozieren! Entsprechend bunt und disparat sind die Antworten ausgefallen: JHWH habe Kains Opfer verworfen, weil er nicht wie Abel die Erstlinge und ihr Fett dargebracht habe, also das Beste der Herden, sondern minderwertige Feldfrüchte; Kains Opfergaben seien unrein gewesen, da sie vom verfluchten Acker stammten (vgl. Gen 3,17ff.); Kain habe nicht in lauterer, uneigennütziger Gesinnung, im »Glauben« geopfert (Hebr 11,4); JHWH liebe eben die Hirten mehr als die Bauern.[6] Keine dieser Antworten vermochte das Geheimnis der Anerkennung und Verwerfung der dargebrachten Opfer zu lösen.

Aber im Anlass zur bösen Tat steckt das Motiv des Täters: der Neid! Hat sie mit Kain und Abel begonnen, die – vor allem von den Wohlhabenden – so oft beklagte Neidgesellschaft? Beide Brüder haben rechtschaffen ihr Werk getan, beide haben ihre »fromme Pflicht« erfüllt, beide durften auf Gelingen, Anerkennung und Segen hoffen.[7] Und doch bleibt dem einen verwehrt, was dem anderen gewährt wird, und zwar von JHWH selbst! Geht es also in der Erzählung vom Brudermord um eine nach Möglichkeit konfliktfreie, verantwortungsvolle Bewältigung der – menschlichem Einfluss entzogenen – »Ungleichheit von Gleichgestellten«?[8] Ja und Nein!

Nein, denn *coram mundo* sind nicht alle gleich. Es gibt bereits durch die Geburt prädisponierte Ungleichheiten, die menschlicherseits nicht oder nur schwer korrigierbar sind (soziale, geographische und nationale Einbindungen; leibliche Vorzüge oder Nachteile). Mit ihnen muss ein

---

[6] Siehe die Übersicht der Interpretationen bei *B. Jacob* (Anm. 3), 137.

[7] *C. Westermann* (Anm. 3, 402f.) macht deutlich, dass es mit der Annahme bzw. der Ablehnung des Opfers um die Frage des gewährten oder auch verweigerten Segens der Arbeit geht.

[8] So das Fazit von *C. Westermann* (Anm. 3), 404f.

Mensch lernen, verantwortlich zu leben, ohne dem Menschenbruder deswegen den Schädel einzuschlagen.

Ja, denn *coram deo* sind alle Menschen gleich. Er stellt die irdischen Ungleichheiten auf den Kopf, indem er dem benachteiligten Zweitgeborenen, Abel, dem Schwachen, zu seinem Recht gegenüber dem Erstgeborenen, Kain, dem Starken, verhilft. Dieses Motiv, dass JHWH – gegen alle irdische Ordnung und Sitte – dem jüngeren Bruder gegenüber dem älteren den Vorzug gibt, zieht sich wie ein roter Faden durch die gesamte Genesis. Da vergleiche man nur das konfliktgeladene Verhältnis der Brüderpaare Ismael und Isaak, Esau und Jakob, oder das Josefs zu seinen Brüdern. Gott kennt keinen »Adel« der Geburt. Sorgt er damit für ausgleichende Gerechtigkeit? Engagiert er sich »mit überraschender Parteilichkeit dafür, dass die Geschichte nicht einfach ihren Lauf nimmt mit der Dominanz der Mächtigen und der Unterdrückung der Schwachen«?[9] Auf den ersten Blick könnte das so scheinen. Und doch vermag auch diese sozialgeschichtliche Interpretation dem Gott unserer Erzählung das Anstößige nicht zu nehmen. Was kann der Erstgeborene dafür, dass er der Erstgeborene ist? Wird hier nicht der Teufel durch Beelzebub, die irdische Ungleichheit durch eine himmlische Ungleichbehandlung ausgetrieben? Muss der Satz, dass vor Gott alle Menschen gleich seien, vielleicht dahingehend differenziert werden, dass JHWH sich gerade deswegen die Freiheit nimmt, nicht allen und zu jeder Zeit das Gleiche zukommen zu lassen? Trägt damit aber nicht Gott selbst die Verantwortung für die Tat Kains?

---

[9] Vgl. zu dieser erbrechtlichen und sozialgeschichtlichen Interpretation *K. Butting*, Abel steh auf! Die Geschichte von Kain und Abel – und Schet (Gen 4,1-26), BiKi 58, 2003, 16-19, Zit. 16. Dass diese Interpretation ihre Grenzen hat, wird schon daran deutlich, dass in der Erzählung selbst mit keinem Wort von einer Unterdrückung Abels durch Kain die Rede ist. Erst die unterschiedliche Behandlung ihres Opfers durch JHWH führt zu Kains Gewalttat.

Wie immer man die Fragen dreht und wendet: Das Motiv zur bösen Tat ist das Scheitern und Gelingen menschlicher Arbeit, symbolisch repräsentiert in der Annahme und Verwerfung des Opfers. Dieser Grundkonflikt ist in einem dem Menschen uneinsehbaren Geschehen verankert, nämlich in JHWH selbst! »Es soll also gerade unerklärbar bleiben, warum Gott das Opfer des Abel ansieht und nicht das des Kain.«[10]

3. Ein warnendes Ritardando

In einem knappen Ritardando (V 6-7) stellt JHWH zwei Fragen an Kain. Er hat zwar dessen *Opfergaben* nicht angeschaut, umso mehr schaut er auf Kain. Er bleibt im Gespräch mit ihm: »Warum bist du (vor Zorn) entbrannt« (V 6a)? »Und warum sind deine Gesichtszüge herabgefallen« (V 6b)? Kain schweigt! Die Fragen geben Auskunft über Kains inneren und äußeren Zustand. Der innere Zustand, sein brennender Zorn, äußert sich äußerlich in seiner Körpersprache, im Herabfallen seiner Gesichtszüge. Daher fragt JHWH weiter: »Ist's nicht so? Wenn du Gutes beabsichtigst, (bedeutet das) ein Erheben (des Angesichts). Und wenn du keine gute Absicht hast, dann lagert die Sünde vor der Tür. Und nach dir hat sie Verlangen.« Kain schweigt! Er verweigert in seinem Zorn jegliche Kommunikation. Die Gesprächsverweigerung wird durch körpersprachliche Signale zum Ausdruck gebracht, das Sprachspiel vom »Fallen« und »Erheben« des Angesichts. Wer mit dem anderen spricht, ihn anredet, muss ihn anschauen. Nur in der Anrede und im Anblick erhält der andere ein unverwechselbares Gesicht. Im verweigerten offenen Blick und im verweigerten Gespräch hingegen wird dem anderen das Gesicht genommen. Das Du wird zum Es, die Person zum Ding.

---

[10] *C. Westermann* (Anm. 3), 405.

Die Gewalt beginnt lange vor der bösen Tat. Sie nimmt ihren Anfang mit dem Zorn (Gen 49,6f.; Dtn 19,6; Ps 4,5; Spr 15,18; 22,24f.; Mt 5,21f.), sie dringt nach außen im Abbruch des Blickkontaktes, sie bricht sich Bahn in der Gesprächsverweigerung. *Emmanuel Levinas* hat auf diese Zusammenhänge hingewiesen: »Das banale Faktum des Gesprächs verlässt...die Ordnung der Gewalt.«[11] Aber »die Dinge sind das, was sich niemals persönlich darstellt und letztlich keine Identität hat. Auf das Ding bezieht sich die Gewalt.«[11] Der verweigerte Augen-Blick und die verweigerte Antwort sind ein Akt verweigerter Verantwortung. Sie öffnen das Tor der Sünde. »Du aber sollst über sie herrschen« (V 7b)! Verantwortung beginnt damit, dass ich dem anderen offen in die Augen schaue. Kain aber schweigt! Weder JHWHs Fragen noch sein Gebot erreichen den Blick- und Gesprächsverweigerer. Warum nicht? Warum entzieht und entfernt sich Kain der fragenden und gebietenden Zuwendung Gottes?

4. Die Bluttat

Anstatt auf JHWHs Fragen zu antworten, wendet sich Kain jetzt dem Bruder zu. »Und Kain sprach zu seinem Bruder Abel...« (V 8a). Dem Satz fehlt das Objekt, die Mitteilung darüber, was Kain seinem Bruder sagte. Wieder eine der vielen Leerstellen des Erzählers, die diachron betrachtet auf ein Textwachstum hinweisen könnte, synchron gelesen aber die imaginative Phantasie des Lesers herausfordert.[12]

---

[11] *E. Levinas*, Schwierige Freiheit. Versuch über das Judentum, Frankfurt a. M. 1992, 17f.

[12] Die *diachrone* Auslegung eines Textes betrachtet diesen in seiner Entstehungs- und Wachstumsgeschichte, die er im Laufe der Zeit erfahren hat. Dabei werden mögliche Vorstufen seiner Endgestalt rekonstruiert. Dagegen stützt sich die *synchrone* Auslegung auf die vorliegende kanonische Endgestalt, in der die biblischen Texte heute vorliegen.

Hat Kain dem Abel sein Leid geklagt? Oder machten ihn der brennende Zorn und der Neid einfach sprachlos? Folgt dem Abbruch der Kommunikation mit JHWH auch das Ende der Kommunikation mit dem Bruder?

Schließlich wird in äußerster Kürze die Tat berichtet. »Kain erhob sich gegen seinen Bruder Abel und tötete ihn« (V 8b). Der Mord beginnt damit, dass der Bruder gegen den Bruder aufsteht. Die hebräische Wendung *qum äl* »gegen jemanden aufstehen/sich über jemanden hermachen« gehört zur Rechtssprache in Sachen Mord und Totschlag (vgl. Dtn 19,11; 22,26). Der Entschluss wird zur Tat.[13] Kein Wort über die weiteren Umstände, die Tatwaffe, den Tathergang. Das bloße Faktum zählt: Der Bruder bringt den Bruder um!

Und wieder bleiben Fragen: Womit hatte Abel dies verdient? Welche Schuld trifft ihn? Liegt hier nicht ein typischer Fall von Aggressionsumleitung vor? Richtet sich Kains Aggression gegen Abel, weil er nichts gegen JHWH als Urheber der Ungleichbehandlung vermag? Wählt er den Schwachen, weil er gegen den Starken nicht ankommt? Geschwisterrivalitäten bis hin zum Brudermord lassen sich psychologisch erklären. Aber lassen sie sich auch verstehen? Bleibt da nicht immer die Unfassbarkeit der verantwortungslosen Tat?

5. Verhör und Anklage

Was keiner sehen sollte, JHWH hat es gesehen. Er eröffnet wieder mit einer Frage das Verhör. »Wo ist Abel, dein Bruder?« (V 9a)[14] Erst jetzt beginnt der verstummte Kain zu sprechen. Er muss antworten, sich verantworten. Seine ersten Worte aber bestehen aus einer Lüge: »Ich weiß es nicht.« Und es folgt eine unverschämten Gegenfrage: »Der

---

[13] Vgl. *C. Westermann* (Anm. 3), 411.

[14] Die Frage erinnert an Gen 3,9: Adam, *»wo bist du?«*

Hüter meines Bruders soll ich (*anochi*) sein?« (V 9b) Zur Tatsünde gesellt sich die Wortsünde. Wie könnte ein Ackerbauer der »Hüter eines Hirten« sein? Ist das nicht lachhaft? Kann sich denn der Hirte nicht selber hüten?[15] *Anochi* (ich), das Ego Kains, das ist das letzte hebräische Wort seiner frechen Gegenfrage! Der Brudermörder ist gefangen im eigenen Ich! Seine Verantwortung endet an der Grenze seiner Haut. Er glaubt, sich nur selbst verantwortlich zu sein.

Das Verhör wird zur Anklage: »Was hast du getan?« (V 10a) Und ohne eine Antwort abzuwarten, breitet JHWH vor Kain die Beweismittel aus: »Die Stimme des Blutes deines Bruder schreit zu mir vom Acker her« (V 10b). Das Blut des Bruders wird zum Zeugen. Es überführt den Täter. Während aus Kain die Stimme der Lüge spricht, ist das Blut Abels die Stimme der Wahrheit. Vor JHWH gibt es keinen »perfekten Mord« (vgl. 2 Sam 11f.).[16]

6. Der Strafspruch

»Jetzt aber, verflucht bist du« (V 11a). Während in Gen 3,14 und 17 der Fluch lediglich die Schlange und die *^{a}damah*, den »Acker«, traf, trifft er nun Kain, den Landmann und Brudermörder selbst. So, wie der Fluch dort eine Ertragsminderung des Ackers zur Folge hatte, so bringt er jetzt eine Daseinsminderung für Kain mit sich. So, wie die Schlange infolge des Fluches aus der Gemeinschaft ihrer Artgenossen, der Tiere, vertrieben wurde (3,14), so wird Kain jetzt »weg vom Acker« vertrieben, um sein Leben als Flüchtling im Lande »umherstreifend und schweifend« zu fristen. Der Acker wird ihm seine Kraft verweigern, denn

---

[15] So der Wortwitz der trotzigen Gegenfrage nach *H. Seebass* (Anm. 3), 154. Zu *schamar* als Bezeichnung für die Tätigkeit des Hirten siehe Gen 30,31; Ex 22,9; 1 Sam 17,20.

[16] Vgl. *C. Westermann* (Anm. 3), 415.

er hat ihn mit Bruderblut »vergiftet«.[17] Das also ist der Fluch der bösen Tat: ein Leben als *Outlaw*! Der Segen des Ackers, den sich Kain durch seine Opfergaben zu erhalten suchte, den hat er nun ein für allemal verspielt.

Der Fluch verändert das Leben des Täters von Grund auf. Er kommt weder ungesehen noch ohne Strafe davon. Er muss die Verantwortung für seine Tat tragen! JHWH selbst wacht über dem Zusammenhang von Tun und Ergehen. Aber es ist in letzter Konsequenz nicht Gott, der Kain verflucht, sondern der Fluch der bösen Tat selbst ist es, der ihn trifft! JHWH spricht nur aus, was für Kain von nun an der Fall ist: »Du bist verflucht…« (hebr. *arur* Ptz. pass.). Er beschreibt die durch die böse Tat gewirkte neue Wirklichkeit des Täters: ruhelos »umherstreifend und schweifend«.

Der Brudermörder muss fortan mit dem Wissen um seine Tat leben. Es gibt für ihn keine Möglichkeit, sich ihren Folgen zu entziehen. Es mag ja sein, dass es ihm gelingt, das, was er getan hat, vor den Menschen zu verbergen. Vor Gott und vor sich selbst helfen weder Verleugnung noch Verdrängung. Das ist der Fluch der bösen Tat, die Konfrontation mit der Wahrheit, mit Gott und dem eigenen Gewissen.

7. *Die Klage*

Nachdem Kain die neue Lebenswirklichkeit drastisch vor Augen geführt worden ist, bleibt ihm nichts als ein »Aufschrei des Entsetzens«.[18] Was sich aber hinter diesem Aufschrei verbirgt, das lässt der Erzähler wieder ein Stück weit in der Schwebe. Soll man V 13 übersetzen mit »Meine Strafe ist zu groß, als dass ich sie tragen könnte«,[19] oder mit »Zu

---

[17] *B. Jacob* (Anm. 3), 141: »Sonst lässt sie sich willig mit Regen und Wasser tränken..., welch grausige Verkehrung, daß sie Bruderblut hat einnehmen müssen!«

[18] *G. v. Rad*, Das erste Buch Mose, ATD 2/4, Berlin 1967, 87.

[19] *G. v. Rad* (Anm. 18), 83, und *C. Westermann* (Anm. 3), 384.

groß ist meine Schuld, um sie zu vergeben«?[20] Beklagt Kain die Härte der Strafe, oder bekennt er seine Schuld, für die es eine – von ihm wohl gewünschte – Vergebung nicht geben kann? Eine Entscheidung hängt vom Kontext und vom Verständnis des polysemen hebräischen Nomens *awon* ab, das mit »Vergehen/Sünde/Schuld/Strafe« übersetzt werden kann. Dem ganzheitlichen hebräischen Denken entsprechend bezeichnet es sowohl ein gegen Gott oder Menschen gerichtetes Vergehen als auch die Strafe, die dem Täter daraus erwächst.[21] Sünde, Schuld und Strafe sind keine Abstrakta, sondern auf einen konkreten Geschehenszusammenhang bezogen, der das Tun und die Konsequenzen erfasst, die sich daraus ergeben. Es geht um die Tat *und* ihre Folgen. Für beides ist Kain verantwortlich. Mit V 13 macht der Erzähler deutlich, dass dem Täter jetzt der vollständige Tatzusammenhang vor Augen steht. Das Versteckspiel hat sein Ende gefunden. Er muss Verantwortung übernehmen.

Darauf weist der Erzähler dann mit V 14 hin, in dem Kain sowohl JHWH als auch sich selbst die Folgen seines Brudermordes vor Augen führt. Sie reichen – so seine Befürchtung – weiter noch als der Fluch, mit dem er von nun an leben muss. Denn Gott habe ihn nicht nur vom »Angesicht (*panim*) des Ackers« und damit aus der Gemeinschaft der Kulturlandbewohner vertrieben. Vielmehr befürchtet er, dass er sich künftig auch vor dem »Angesicht« (*mipanächa*) JHWHs verbergen muss (V 14a). Wieder nimmt der Erzähler sein bereits in V 5ff. begonnenes Spiel mit dem hebräischen Nomen *panim* »Angesicht« auf. Das Angesicht symbolisiert ja in der Symbolsprache des Alten Testaments Zuwendung und Abwendung. Befürchtet Kain, mit seiner Vertreibung nicht nur die »Zuwendungen« des Ackers, sondern auch die »Zuwendung JHWHs« verspielt zu haben?

[20] *H. Seebass* (Anm. 3), 143.

[21] *K. Koch*, awon, ThWAT V, Stuttgart u. a., 1164f.

Gibt es für den, der im Zorn seine Gesichtszüge fallen ließ, sich vom Bruder und von JHWH abwendete, keine Zuwendung und daher keine Gemeinschaft mehr?

Die Folge eines Lebens ohne Zuwendung ist tödlich. Kain fürchtet die Spiegelstrafe.[22] Der Mord an Abel wird Kains Ermordung nach sich ziehen. Mit dieser Furcht ist sein Denken im Netz der Vergeltung und nicht der Verantwortung gefangen (V 14b). Ist denn ein Mord nur durch den Mord am Mörder aus der Welt zu schaffen? Was heißt Verantwortung für den Schuldigen zu übernehmen?

8. Täterschutz

Kain wird nicht begnadigt![23] Er muss ohne Abstriche die Folgen seiner Tat tragen, ein Leben fern vom Acker, östlich von Eden im Lande »Nod (= flüchtig)«.[24] Aber ihm widerfährt Täterschutz. Den von ihm befürchteten Folgen, als Mörder selbst zum Mordopfer zu werden, wird eine deutliche Grenze gesetzt. JHWH schützt den Täter durch zwei Maßnahmen, durch einen apodiktischen Rechtssatz (V 15a: »Jeder, der Kain mordet, soll siebenfach gerächt werden.«) und durch ein Schutzzeichen (V 15b). Auch ein Täter, der gegen das Recht verstoßen hat, hat einen Anspruch auf Recht und Gesetz. Er ist kein Freiwild. Wer sich an Kain vergreift, muss damit rechnen, dass er selbst dem Gesetz der vollständigen, siebenfachen[25] Blutrache verfällt (vgl. Gen 9,5f.; Ex 21,12). Die Intention dieser gesetzlichen Androhung siebenfacher Blutrache besteht aber nicht darin, einen Blutrausch in Gang zu setzen und eskalieren zu las-

---

[22] Vgl. die Wiederaufnahme der Wurzel *harag* »morden, töten« aus V 8 in V 14b.

[23] Anders *B. Jacob* (Anm. 3), 144.

[24] Die Bezeichnung des Landes *Nod* (V 16b) ist abgeleitet vom hebräischen Verb *nud* »schwanken/ziellos/heimatlos sein«.

[25] Mit der Symbolzahl »sieben« deutet der Erzähler das Moment der überschießenden, alles auslöschenden Rache an.

sen, sondern diesen ganz im Gegenteil zu verhindern. Jede Form von gesetzloser Blutrache und Lynchjustiz soll durch die abschreckende Strafandrohung im Keim erstickt werden. Bereits für den ersten Mörder der Menschheit hat JHWH – im Zusammenhang der Urgeschichte gelesen – zwar keine Straffreiheit, aber doch eine Generalprävention zum Täterschutz angeordnet. Gott selbst übernimmt die Verantwortung für das Leben des Schuldigen.

Mit seiner Tat hat sich der Täter selbst stigmatisiert. JHWH aber wandelt das »Kainsmal« in ein »Schutzzeichen« um. Wie immer man auch dieses Zeichen deuten mag,[26] für den Erzähler erfüllte es unmissverständlich die Funktion, den Täter unter JHWHs Schutz zu stellen.

»Und Kain zog weg vom Angesicht JHWHs« (V 16a). »Daß er da trotzdem nicht aufgegeben ist von Gott, ja ausgesprochenermaßen in einem Schutzverhältnis steht, das ist das Rätselhafteste der Erzählung, denn hier offenbart sich ein ordnender und bewahrender Gotteswille«,[27] eine Verantwortung für das Leben!

---

[26] Vgl. die wichtigsten Deutemuster bei *C. Westermann* (Anm. 3), 424-427.

[27] *G. v. Rad* (Anm. 18), 89.

Von Babel bis an das Ende der Welt

Gott, Mensch und Diaspora nach Genesis 11,1-9*

1. Die Moderne – eine radikale Diaspora?

Der Mensch zieht seine Kreise. *Adam*, geschaffen von dem einen, einzigen Gott, hat in Mutter und Vater seinen innersten irdischen Zirkel, von dem aus er die Welt betritt. Und so, wie sich ihm die Jahresringe seines irdischen Daseins weiten, so auch die Horizonte, in die er einwandert: die Familie, die Sippe, die Horde, das Dorf, die Stadt, der Stamm, das Volk, die Völker, die Menschheit. Ausgegangen von dem einen *Adam* in zweierlei Gestalt, den Ureltern – so die biblische Geschichte –, wandert er ein in die schier unübersehbare und irritierende Vielfalt der Menschenbrüder und Menschenschwestern. Diese haben wir – weil außerstande, ihre ganze konkrete Mannigfaltigkeit jemals zur Sprache und Anschauung zu bringen – in dem Gattungsbegriff der *Menschheit* zwangsvereinigt. Wie oft ist die Rede von der Menschheit nichts anderes als das große Schweigen über den je und je konkreten Menschen in seiner Lebenszeit, seinen Lebensbezügen und seiner Lebenswelt? Wie oft wird die *Einheit* der Menschheit beschworen, um seiner mühsamen und lästigen *Vielfalt* zu entkommen?

Damit sind zwei anthropologische Grundspannungen angesprochen, die des *Einzelnen* und der *Gemeinschaft* einerseits sowie die von *Einheit* und *Vielfalt* andererseits. In beiden Spannungsfeldern findet der Mensch sich vor, zu beiden muss er sich verhalten. Und es ist kein Geheimnis, dass das Verhalten und Agieren der Menschen in diesen vorgegebenen Strukturen immer wieder erhebliche Veränderungen und Schwerpunktverlagerungen erfährt,

* Festvortrag anlässlich des 70. Geburtstag von Dr. Dr. h.c. Wilhelm Hüffmeier, Präsident des Gustav-Adolf-Werkes.

einem langfristigen Wandel unterliegt. So darf etwas holzschnittartig festgehalten werden, dass traditionsgeleitete Gesellschaften wie die des alten Orients und der Bibel größeres Gewicht auf die Pole der Gemeinschaft und der Einheit legten, denen sich der Einzelne und die Vielfalt unterzuordnen hatten.[1] Die Moderne hingegen sei gekennzeichnet durch eine massive Zunahme von Individualisierungs- und Pluralisierungsschüben, die – so jedenfalls das Gemunkel vieler Kulturkritiker – die Gegenpole der Gemeinschaft und der Einheit ruinierten. Zerfallserscheinungen werden diagnostiziert: verkümmerte soziale Bindungsfähigkeit, das einsame Selbst vor dem Bildschirm auf der Reise durch virtuelle Welten – und am Ende stehe der *zerstreute Mensch* in des Wortes doppelter Bedeutung. Zerstreut nach außen als isolierter Einzelner im Kosmos der unendlich Vielen und zugleich zerstreut im Inneren als derjenige, dem auf dem Wege zunehmender sozialer Demenz für die Gestaltung seines Lebens nach und nach alle Koordinaten gemeinschaftlichen Fühlens, Denkens und Handelns verloren gehen. Die totale äußere und innere Diaspora – ist sie das Menschengeschick einer totalitären Moderne oder auch Postmoderne, die manch einer schon wieder als Post-post-Moderne von ihrem Posten abberufen hat? Ist die Radikalisierung der Diasporaexistenz ein Signum unserer Weltstunde, dieses Lebensgefühl, dass der einsame Einzelne sich nicht mehr unter einem gemeinschaftsstiftenden Himmel geborgen weiß und jegliches Einheitsstreben von der Flut der Pluralisierungsschübe hinweggeschwemmt wird? Ist das die

[1] Siehe dazu die grundlegenden Aufsätze von *R. A. di Vito*, Alttestamentliche Anthropologie und die Konstruktion personaler Identität, in: *B. Janowski/K. Liess/N. Zaft* (Hg.), Der Mensch im alten Israel. Neue Forschungen zur alttestamentlichen Anthropologie, HBS 59, Freiburg u. a. 2005, 213-241, und *B. Janowski*, Anerkennung und Gegenseitigkeit. Zum konstellativen Personbegriff des Alten Testaments, ebd. 181-211.

bedauerliche Kehrseite der durch Individualisierung und Pluralisierung gekennzeichneten Postmoderne, für die *Jean-François Lyotard* das »Ende der großen Erzählungen« ausgerufen hat,[2] also das Zerbrechen gemeinsamer Sinnhorizonte?

Gegenüber solch einer radikal gedachten Diaspora stellt unser geläufiger aus der jüdischen Geschichte abgeleiteter Diasporabegriff fast eine Harmlosigkeit dar, bei dem es um die Zerstreuung einer religiösen oder ethnischen Minderheit in einer andersgearteten Mehrheitsbevölkerung geht.[3] Ja, ist diese »harmlose« Diaspora nicht geradezu eine Gnade gegenüber der Sogwirkung einer totalen Diaspora, die von den mächtigen Individualisierungs- und Pluralisierungsagenturen der Postmoderne ausgeht? Oder könnte die hier angezeigte Radikalisierung des Diasporagedankens nicht auch ein notwendiger und durchaus zu begrüßender Emanzipationsschub sein, weil er das Individuum aus dem Terror des Kollektivs erlöst und Pluralisierungen überhaupt erst möglich macht, schöpferischen Dissens zulässt und müden Konsens nicht länger erzwingt?[4]

Damit wir uns nicht im Gestrüpp der Befindlichkeiten, Meinungen, Analysen und Zeitdiagnosen, den Orakeln der Moderne verlieren, möchte ich diesen Fragen anhand der Interpretation einer großen Erzählung nachgehen, deren

---

[2] *J.-F. Lyotard*, Das postmoderne Wissen, Wien [4]1999, 112.

[3] Siehe zur biblischen Diasporaterminologie und den Diasporakonzepten des Alten Testaments die umfassende Studie von *J. Kiefer*, Exil und Diaspora. Begrifflichkeit und Deutungen im antiken Judentum und in der hebräischen Bibel, ABG 19, Leipzig 2005, sowie *R. Lux*, Diaspora – was bedeutet das im Alten Testament?, in: Quellen und Forschungen zur Diasporawissenschaft. Beihefte Evangelische Diaspora 2, Leipzig 2004, 9-27.

[4] Zur Kritik an den Kritikern der Moderne siehe die erhellenden Überlegungen von *O. Marquard*, Einheit und Vielheit, in: Ders., Zukunft braucht Herkunft. Philosophische Essays, Stuttgart 2003, 205-219.

Ende – wie ich meine – auch nach dem proklamierten »Ende der großen Erzählungen« noch lange nicht gekommen ist.

2. Das Babylonprojekt

Wie in vielen Fragen, so ist die gegenwärtige alttestamentliche Wissenschaft auch in der Beurteilung der Entstehungszeit von Gen 11,1-9, seiner literarischen Einheitlichkeit sowie seiner kontextuellen Einbindung zwischen Urgeschichte und Vätererzählungen von einer geradezu postmodernen Pluralität bestimmt. Der Dissens triumphiert, ein Konsens ist nicht in Sicht.[5] Ein in der Zeitvorgabe endlicher Festvortrag ist aber nicht der geeignete Ort, um die unendlich scheinenden Probleme der Genese dieses Textes zu erörtern, auch wenn unbestritten bleibt, dass sie für sein historisches Verständnis von erheblicher Bedeutung sind. Daher wage ich trotz dieser Schwierigkeit sogleich den Salto mortale in die theologische Problematik dieser großen Erzählung, indem ich sie in ihrer vorliegenden Endgestalt und aus ihrem näheren Kontext heraus zu verstehen suche. Das macht die Sache nicht einfacher, sondern vielleicht noch schwieriger. Denn nicht nur für die Literargeschichte der Erzählung, sondern auch für ihre Theologie gilt die Feststellung des großen jüdischen Bibelauslegers *Benno Jacob*: »Wenige Erzählungen sind so völlig missverstanden worden wie diese. Schon die Benennung: ›der Turmbau zu Babel‹ war ein Irrtum«.[6]

Die Erzählung setzt ein mit dem Satz: »Es war (einmal) die ganze Erde von einer Sprache (wörtlich ›von einer

[5] Die gegenwärtige Forschungssituation wird in dem Internetlexikon WiBiLex in dem sachkundigen Artikel von *N. C. Baumgart* unter dem Stichwort »Turmbauerzählung« vortrefflich zusammengefasst.

[6] *B. Jacob*, Das Buch Genesis, Stuttgart 2000, 301.

Lippe‹) und einerlei Worten« (V 1). Und sie endet mit dem Satz: »Von dort aber zerstreute JHWH sie über das Angesicht der ganzen Erde« (V 9b). Anfang und Ende der Erzählung stecken die zentralen Problemfelder ab, die in ihr zur Entfaltung kommen: Es geht um *Kommunikation* sowie *Einheit und Zerstreuung* in Bezug auf die *ganze Erde*. In diesem Rahmen wird eine kunstvolle und mit Hilfe von Leitworten konzentrisch durchkomponierte Erzählung in zwei Akten entfaltet. Eines ihrer Leitworte ist die Wurzel *phuz* bzw. *naphaz*, die von der Septuaginta, der griechischen Übertragung der Hebräischen Bibel, mit *diaspeíro* übersetzt wird (V 4b.8a.9b), womit Gen 11,1-9 auch zu einer Diasporaerzählung geworden ist.

2.1. Einheit aus Weltangst

Im ersten Teil (V 1-4) ist zunächst die Rede von der ganzen Erde im Sinne der gesamten Erd*bevölkerung*. Und wie immer auch die Rede von der *einen Lippe* und den *einerlei Worten* zu interpretieren ist – auch darin sind sich die Ausleger keineswegs einig –, die Intention des Erzählers geht ganz offensichtlich dahin, dass die Menschen noch über die Fähigkeit zu einer einheitlichen Kommunikation und Verständigung verfügten. Von dieser als einer kommunikativen Einheit gedachten Erdbevölkerung wird nun erzählt:

> »[2]Da geschah es, als sie aufbrachen von Osten, da fanden sie eine Ebene in Schinear, und sie ließen sich dort nieder. [3]Und sie sprachen ein jeder zu seinem Gefährten: Wohlan, wir wollen Ziegel streichen und wollen sie zu Brand(-ziegeln) brennen. So wurde der Ziegel für sie zum Baustein, und das Erdpech wurde für sie zum Mörtel. [4]Und sie sprachen: Wohlan, wir wollen uns eine Stadt und einen Turm bauen, und seine Spitze bis in den Himmel, und wollen uns (damit) einen Namen machen, damit wir nicht über das Angesicht der ganzen Erde zerstreut werden.«

Zur Einheit der Sprache, die zusätzlich dadurch unterstrichen wird, dass jeder zu seinem Gefährten spricht und von diesem auch verstanden wird (V 3a), kommt die Einheit des gemeinsamen Siedelns an einem Ort in der Ebene Schinear (V 2). Dabei sind sie getrieben von der Angst, dass diese Gemeinsamkeit der Sprache und des Siedelns zerbrechen könnte. Daher unternehmen die Siedler den Versuch, sie durch ein außergewöhnliches technisches und kulturelles Gemeinschaftsprojekt abzusichern: den Bau einer Stadt und eines Turms bzw. einer Akropolis (V 3a-4a) – auch darin sind sich die Exegeten letztlich nicht einig.[7] Dieses »Projekt Einheit« geschieht mit einer doppelten Zielsetzung: sie wollen sich damit einen Namen machen und verhindern, dass sie über die ganze Erde zerstreut werden (V 4).

Wichtig an diesem ersten Teil der Erzählung sind für mich zwei Beobachtungen: 1. Macht man sich ihr Raumkonzept klar, dann wird dieses zunächst einmal durch die *Horizontale* der *ganzen Erde* dominiert. Die unendlich weite Erdoberfläche (V 4b) wird als bedrohlich empfunden. Sie bringt die Gefahr des Auseinanderfallens, des Kommunikationsabbruchs, der Verlorenheit und der Zerstreuung mit sich. Dieser Gefahr versucht man auf dreierlei Weise zu begegnen: a) durch gemeinsames Siedeln, b) durch ein gemeinschaftsstiftendes Bauprojekt und c) dadurch, dass in die *Horizontale* gleichsam eine *Verti-*

---

[7] Wenn man mit *Chr. Uehlinger* (Weltreich und ›eine Rede‹. Eine neue Deutung der sogenannten ›Turmbauerzählung‹ [Gen 11,1-9], OBO 101, Freiburg/Göttingen 1990; Ders., ›Bauen wir uns eine Stadt und einen Turm…!‹, BiKi 58, 2003, 37-42, bes. 39f.) die älteste Fassung der Erzählung in das ausgehende 8. Jh. v. Chr. datiert, dann könnte es sich bei dem »Turm« und der »Stadt« um eine Anspielung auf das unvollendete Bauprojekt der neuen Hauptstadt *Dur Scharrukin* (›Sargonsburg‹) durch den Assyrerkönig Sargon II. gehandelt haben. Der »Turm« dürfte in diesem Falle dann eher eine Akropolis (Palast- und Festungsanlage) gewesen sein.

kale eingezogen wird, eine *axis mundi*, um die man sich sammeln kann, der Turm.[8] Was hier mit wenigen Pinselstrichen projektiert wird, ist nicht weniger als ein menschlicher Weltentwurf.

2. Beobachtung: Es fällt auf, dass in diesem *menschlichen* Weltentwurf Gott vollkommen fehlt, ja geradezu entbehrlich scheint. *Explizit* wird er jedenfalls nicht erwähnt, allenfalls *implizit* in der Beschreibung der Vertikale als eines gigantischen Turmes, dessen »Spitze bis in den Himmel« reichen soll (V 4a). Bei dieser Formulierung handelt es sich um eine aus dem alten Orient bekannte, traditionsgeschichtlich geprägte Vorstellung. So lässt z. B. Nabopolassar bei der Erneuerung der Ziqqurat Etemenanki in Babylon deren »Spitze mit dem Himmel wetteifern«.[9] Das weist darauf hin, dass der Erzähler bei dem *migdal*, dem »Turm«, wohl doch solch eine Ziqqurat vor Augen hatte, einen Stufentempel,[10] und nicht einfach eine Akropolis, eine Art Wehrburg für die Stadt. Die Spitze einer Ziqqurat, die an den Himmel, die Sphäre der Götter, rührte, war mit einer *cella* ausgestattet, die als Wohn- und Begegnungsstätte der Gottheit diente. Sie war gleichsam die Kontaktschleuse zwischen Himmel und Erde, Gott und Mensch, das Tor zum Himmel. Damit dienten die Stufentempel des Zweistromlandes dem Kult und der Anbetung der Namen der in ihnen verehrten Gottheiten.

---

[8] Dieses Konzept orientiert sich an dem allgemein bekannten altorientalischen Weltbild. Siehe dazu *B. Janowski*, Das biblische Weltbild. Eine methodologische Skizze, in: *B. Jankowski/B. Ego* (Hg.), Das biblische Weltbild und seine altorientalischen Kontexte, FAT 32, Tübingen 2001, 3-26.

[9] Vgl. die Übersetzung der Bauinschrift durch *K. Hecker*, TUAT II/4, Gütersloh 1988, 492.

[10] Einen lebendigen Eindruck über den Bau derartiger Stufentempel und ihre Kulturgeschichte vermittelt nach wie vor *E. Klengel-Brandt* in ihrem Buch »Der Turm von Babylon. Legende und Geschichte eines Bauwerkes«, Leipzig 1982.

Abb.: Rekonstruierte elamische Ziqqurat *Chogha Zanbil* (13. Jh. v. Chr.) in der Nähe des antiken Susa im heutigen Iran (Foto *R. Lux*)

Kein Wort aber von alledem in unserer Erzählung. Anstelle dessen wird als Zielsetzung des Baus von Stadt und Tempelturm die Absicht festgehalten: »Wir wollen uns einen Namen machen« (V 4a). Nicht der Name der Gottheit, sondern der Name des Menschen soll erhoben werden, kein Gottes- oder Götterdienst, sondern Menschendienst steht auf dem Programm. Hier spricht zwar ein jeder mit seinem Nächsten, der Mensch mit dem Menschen, aber nicht mit Gott. Und selbst, wenn die Siedler Schinears den Stufentempel der Ehre ihres Gottes oder ihrer Götter widmeten, die dem Erzähler kein Wort wert waren, letztlich suchten sie sich selbst in diesem Vorhaben. Der *homo incurvatus in se ipsum*, er war es, der in Babel den Lehm zu Ziegeln strich, diese brannte und zu einem gewaltigen Bauwerk aufführte. Das Streben nach Bewahrung der Einheit wurde dem in sich selbst gefangenen Menschen zur Religion, war ihr Gott, ja, hier darf man es wohl sagen: ihr Götze! Dem widmeten sie ein grandioses Opfer, einen technischen und kulturellen Masterplan, ein Zukunfts- und Fortschrittsprojekt für das Menschenleben auf der Erde.

Und all dies geschah nun nicht allein, wie man in den Kommentaren immer wieder lesen kann, aus einer blinden oder gar frechen Hybris heraus,[11] sondern zunächst einmal aus einer tief eingewurzelten Welt- und Lebensangst:[12] »...damit wir nicht zerstreut werden« (V 4b). Alles menschliche Treiben ist diesem Ziel gewidmet. Es war nicht die *Gottesfurcht*, sondern die *Diasporafurcht*, die sie in den Gigantismus und ins Götzenwesen trieb. Die Weltangst wurde für sie zum – fast möchte man sagen – verzweifelten Movens des Glaubens an sich selbst, eines Glaubens, der aber nicht die Kraft fand, von sich selbst abzusehen. Ist sie das, die Weltangst, ein Urquell der Religion der Selbstbezogenheit?

Ist diese große Erzählung von der Stadt und dem Turm zu Babel deswegen noch nicht am Ende, weil die existentielle Urangst stets von Neuem aus der Tiefe des menschlichen Gemüts nach oben drängt? Immer wieder hat man im Tod, in der Todesangst den großen Kulturgenerator der Menschheit ausfindig gemacht, der die menschliche Erfindungs- und Fortschrittsenergie liefere.[13] In Gen 11,1-9 tritt ihr die Welt- und Diasporaangst an die Seite. Dieser Religion der Angst des auf sich selbst zurückgeworfenen und sich selbst überfordernden Menschen stellt jetzt aber die Fortsetzung der Erzählung ein in der biblischen Urgeschichte verankertes Diasporakonzept an die Seite.

---

[11] So u. a. die Genesiskommentare von *H. Gunkel*, Genesis, Göttingen 1901, 90; *O. Procksch*, Die Genesis, Leipzig/Erlangen ³1924, 91 (Hybris!); *G. von Rad*, Das erste Buch Mose. Genesis, ATD 2/4, Berlin 1967, 124 (Titanentum!); *J. A. Soggin*, Das Buch Genesis, Darmstadt 1997, 181ff. (Entthronung Gottes bzw. der Götter, Hybris); zurückhaltender dazu *H. Seebass*, Genesis I. Urgeschichte (1,1–11,26), Neukirchen-Vluyn 1996, 278f. (Gigantomanie?); anders *C. Westermann*, Genesis, BK I/1, Neukirchen/Vluyn 1974, 729f.

[12] Das wird vor allem von *B. Jacob* (Anm. 6, 301) betont: »Ängstlichkeit und Herdensinn«.

[13] So u. a. *F. Rosenzweig*, Der Stern der Erlösung, Der Mensch und sein Werk, Ges. Schr. II, Haag 1976, 3: »Vom Tode, von der Furcht des Todes, hebt alles Erkennen des All an.« *J. Assmann*, Tod und Jenseits im alten Ägypten, München 2001, 1: »Der Tod ist Ursprung und Mitte der Kultur.«

2.2. Vielfalt als Schöpfungssegen

Der zweite Teil der Erzählung (V 5-9) nimmt die im ersten Teil begegnenden Leitworte wieder auf. Dabei wird V 5 zum Zentrum der konzentrischen Erzählstruktur:[14]

> »5 Und JHWH stieg herab, um die Stadt und den Turm zu betrachten, den die Menschenkinder gebaut hatten.«

Immer wieder betonen die Kommentatoren die feine Ironie, mit dem der Erzähler hier das menschliche Treiben kommentiert habe.[15] Das gigantische Menschenwerk sei so jämmerlich gering, dass Gott aus seinen himmlischen Gemächern herab steigen müsse, um es überhaupt wahrnehmen zu können. Ich will unserem Erzähler solch einen feinen Humor nicht absprechen, und schon gar nicht dem Gott der Bibel. Aber ich gebe zu bedenken, dass dieser Humor nicht das einzige Konnotat sein muss, das in diesem Erzählzug anklingt. Das hebräische Verb *jarad*, »hinabsteigen«, wird hier von keinerlei Theophanieerscheinungen begleitet, wie das z. B. in den großen Gerichts- oder Heilsansagen der Propheten der Fall ist.[16] Es dient in Gen 11,5 in aller Nüchternheit zur Beschreibung der Distanzüberwindung zwischen Gott und Mensch. Die Gottesdistanz der von sich selbst und ihrem Werk geblendeten Schinearsiedler wird von Gott her überwunden, und *nur von ihm* her. Die, die ihren Namen gleichsam bis in den Himmel tragen wollten, waren letztlich doch von der Erde, von sich selbst nicht losgekommen. Ihre Selbsterhöhung hat Gottesbegegnung verhindert. Gerade aber diesen in sich selbst verstrickten Menschen überlässt der Gott der Bibel nicht sich selbst. Er steigt zu ihm herab, er sieht ihr Werk, er nimmt sie in der Vergeblichkeit ihrer Pläne wahr. Er beantwortet ihren unausrottbaren Aufstiegswillen mit seiner

---

[14] Siehe dazu vor allem die Analyse bei *H. Seebass* (Anm. 11), 271ff.

[15] So die allermeisten in Anm. 11 aufgeführten Kommentare.

[16] Vgl. *G. Mayer*, jarad, ThWAT III, Stuttgart u. a. 1982, 900f.

leidenschaftlichen Abstiegsgnade, ihren Himmelssturm mit seiner Zuwendung zur Erde. Denn er, der Gott der Bibel, ist für den Erzähler und seine israelitischen Leser nicht irgendeine Gottheit, kein abstrakter Begriff, keine Chiffre für das Transzendente, er ist der mit dem unaussprechlichen Namen, von dem es in der Urgeschichte heißt, dass er sich nicht erst Israel mit seinem Namen offenbart habe, sondern dass bereits die Nachkommen Kains und Sets, die Söhne Adams und Evas, also die Menschheit damit begonnen hätte, ihn mit dem Namen JHWH anzurufen (Gen 4,26). Es ist der, den Mose am Sinai als den »Ich bin, der Ich bin« (Ex 3,14) kennenlernen sollte, aber das nun nicht im ontologischen Sinne, als den Seienden schlechthin, sondern als Verheißung: Ich bin der *Daseiende*, der je und je für euch Anwesende, der Unfassbare und zugleich bei euch Gegenwärtige.[17]

Dieser JHWH hat nicht nur Humor, er hat vor allem einen unübersehbaren Zug in die Tiefe. Er verharrt nicht an der Spitze der Vertikale, wo ihn die Schinearleute suchen, er drängt herab in die Horizontale, in die Weite der gesamten Schöpfung. Er steigt hernieder, nicht nur am Sinai zu Israel, nein, auch in Babel zum Menschen, nicht nur zu Juden und Christen, nein auch zu den »Heiden«, zu jedem *goj*. Auch zu dem *goj*, der *im* Juden und Christen steckt, *in* Israel und Kirche auf seine Rechte pocht, der nicht locker lässt und uns einflüstert, *wir* müssten die Einheit der Sprache, der Menschheit, des Glaubens retten, wir in unserer Selbstbezogenheit, *um uns einen Namen zu machen*. Der Heide in uns, der bei allen auch noch so lobenswerten Bemühungen aus seiner Heidenangst heraus immer wieder übersieht, dass die Menschheit, die Religionen, Juden und Christen nicht in sich selbst ihre Einheit haben und finden

[17] Zur Theologie des JHWH-Namens siehe neben einer unübersehbaren Vielzahl von Arbeiten das nach wie vor wichtige Buch von *C. H. Miskotte*, Wenn die Götter schweigen. Vom Sinn des Alten Testaments, München 1966, 127-140.

werden, sondern allein im Gegenüber zu IHM, zu JHWH, dem je und je Anwesenden, dem Schöpfer des Himmels und der Erde, der jetzt das Wort nimmt:

> »[6] Und JHWH sprach: Siehe, ein Volk sind sie und eine Sprache haben sie alle. Und das ist erst der Anfang ihres Tuns. Jetzt aber wird ihnen nicht mehr unmöglich sein alles, was sie planen, auch zu tun. [7] Auf, wir wollen hinabsteigen und dort ihre Sprache verwirren, damit sie nicht mehr verstehen ein jeder die Sprache seines Nächsten. [8] Und JHWH zerstreute sie von dort über das Angesicht der ganzen Erde. Sie aber ließen ab davon, die Stadt zu bauen. [9] Daher nennt man ihren Namen Babel, denn dort verwirrte JHWH die Sprache der ganzen Erde. Und von dort zerstreute JHWH sie über das Angesicht der ganzen Erde.«

Was der Text uns über die Sprache, mehr noch über das Sprechen von Mensch und Gott mitteilt, ist bemerkenswert. Weder der Mensch richtet in V 1-4 ein Wort an Gott, noch Gott in V 5-9 ein Wort an den Menschen. Ihr Sprechen läuft nebeneinander her, ohne das daraus ein Gespräch würde. Jedoch während der Mensch sich in seinem Sprechen selber sucht, sich mit sich selbst beschäftigt, seinen eigenen Plänen und Projekten, bespricht Gott im *pluralis majestatis* bzw. *deliberationis* (V 7)[18] die Sache des Menschen. Er nimmt Anteil. Doch welcher Art ist diese Anteilnahme JHWHs am Treiben der Menschen? Kommt er nach der großen Flut (Gen 6-9) nun bereits ein zweites Mal zum großen Weltgericht? Sind Sprachverwirrung und Zerstreuung über die ganze Erde JHWHs Strafbefehl, den er über die Menschheit verhängt hat?

Wer auf diese Fragen eine Antwort sucht, kommt nicht umhin, den Text im Gesamtzusammenhang der Urgeschichte wahrzunehmen. Da liest er am Ende der Erzäh-

---

[18] Lag der Erzählung ursprünglich einmal ein polytheistischer Mythos zugrunde, in dem die Götter ihre Überlegenheit den konkurrierenden Menschen gegenüber sicherten, oder die Vorstellung von einem himmlischen Hofstaat? So die Vermutung einer Reihe vor allem älterer Kommentatoren. Vgl. dazu *C. Westermann* (Anm. 11), 734.

lung von der großen Flut, wie Noah mit seinen Söhnen Sem, Ham und Jafet die Arche verlässt. Und dann heißt es:

> »Drei waren es der Söhne Noahs. Und von diesen aus zerstreute sich (*naph^{e}zah*) die (Bevölkerung der) ganze(n) Erde.« (Gen 9,19; vgl. 10,18)

Darauf folgt unmittelbar vor Gen 11 die sogenannte Völkertafel, die Genealogie der Noahsöhne (Gen 10). Und am Ende der Aufzählung der Nachkommen dieser drei findet sich jeweils die Feststellung:

> »Dies sind die Söhne »XYZ« nach ihren Sippschaften, ihren Sprachen, in ihren Ländern, nach ihren Völkerschaften.« (V 5.20.31)

Schließlich mündet die Völkertafel in den Satz ein:

> »Das sind die Sippschaften der Söhne Noahs entsprechend ihren Zeugungen in ihren Völkern. Und von ihnen trennten sich (*niphr^{e}du*) die Völker auf der Erde nach der Flut.« (V 32)

Was hier berichtet wird, das war allerdings nicht Ausdruck der Strafe JHWHs nach der großen Flut, sondern direkte Folge des Schöpfungsauftrages und Mehrungssegens aus Gen 1,28:

> »Seid fruchtbar und mehrt euch und füllet die Erde und macht sie euch untertan.«

Folge des Segens, der nach der Flut ausdrücklich und unverbrüchlich im Bundesschluss mit Noah und seinen Söhnen wieder in Kraft gesetzt worden war:

> »Ihr aber seid fruchtbar und vermehrt euch und wimmelt auf der Erde und werdet zahlreich auf ihr.« (vgl. Gen 9,1.7)

Gen 10 ist daher nichts anderes als die Erfüllung, Bestätigung und Inkraftsetzung dieses Schöpfungssegens. Immer geht es um die Ausbreitung der Menschen über die *gesamte Erde* und damit – der Völkertafel gemäß – um den

Menschen in seiner ganzen bunten Vielfalt der Sprachen, Völker und Länder. Schöpferwille war das von allem Anfang an, Schöpfungssegen und Bundeszusage auf alle Zeit bekräftigen und bestätigen dies, dass der Mensch wie die Samenkörner ausgestreut werde über die ganze Erde.

Den Leser, der die Urgeschichte bis hierhin gelesen hat, der diesen Segen in seiner ganzen Vielfalt und seinem Reichtum wahrgenommen hat, muss die unmittelbar in Gen 11,1-9 folgende Erzählung aufs Äußerste irritieren. »Die ganze Erde hatte eine Sprache und einerlei Worte« (V 1), »damit wir nicht zerstreut werden« (V 4). Das war alles andere als ein Idealzustand. Das entsprach nicht dem Willen des Schöpfers. Dieser menschliche Eigenwille brachte nicht voran, sondern erschien im Lichte des Bisherigen eher als Unterbrechung und Verzögerung des göttlichen Schöpfungswerkes.[19] Das Fortschrittsprojekt, die Stadt und der Turm, waren nicht getragen vom Vertrauen in den Schöpfungssegen, sondern getrieben von der Weltangst. Es war das Pfeifen der Menschenkinder im dunklen Keller einer ambivalenten, zuweilen *verstörenden* Natur, der sie durch Flucht in eine enge, übersichtliche und durchschaubare Einheits*kultur* zu entkommen suchten. Das Geschlecht von Babel war nicht frei für die Vielfalt der Länder, der Völker und der Sprachen der Kinder des Schöpfers, in dem und vor dem *allein* sie ihre Einheit finden. Vielmehr waren sie eingeschlossen in einer Einheitssprache mit einerlei Worten und daher unbegabt und unmusikalisch für das ganz andere Wort JHWHs, der durch sein Wort menschliches Reden und Planen unterbricht.

JHWHs Reaktion auf die Weltangst des Babelmenschen, auf das verloren gegangene Vertrauen in den Schöpfungs-

---

[19] Vgl. zu dieser Interpretation *Th. Willi*, Die Funktion der Schlußsequenzen in der Komposition der jahwistischen Urgeschichte, in: *R. Liwak/S. Wagner*, Prophetie und geschichtliche Wirklichkeit im alten Israel, FS S. Herrmann, Stuttgart u.a. 1991, 429-444, und *J. Kiefer* (Anm. 3), 600-604.

segen, hieß Sprachverwirrung und Diaspora, Zerstreuung über das Antlitz der ganzen Erde (V 7-9).

Man würde dieser Erzählung wohl kaum gerecht, wenn man den tiefen Gerichtsernst leugnen wollte, der dem Geschlecht von Babel widerfuhr. Aber man wird ihr auch nicht gerecht, wenn man in Babel – nach einem gängigen und weit verbreiteten marcionitischen Interpretationsmuster – allein den strafenden Schöpfergott am Werk sieht, der voller Eifersucht Kübel des Spotts und des Zorns über der Menschheit ausgegossen habe, weil er es nicht ertragen könne, dass diese mit ihren grandiosen Kulturleistungen und Fortschrittsprojekten den Himmel stürme und die Gottheit vom Thron stoßen könnte. So humorlos ist der Gott Israels nicht, dass er den Menschen nicht auch ihre Erfolge und ihre Kulturleistungen gönnen würde. Immerhin lassen sich diese ja als konkreter Ausdruck des *dominium terrae* in Gen 1,28 deuten.

Dagegen war es wie immer, wenn der Gott Israels, der Schöpfer und der Bundesgott, herabsteigt, um Gericht zu halten kein Vernichtungswerk, das er in Babel anrichtete. Nüchtern wird lediglich als Ergebnis festgehalten, dass die Menschen aus Babel davon abließen, die Stadt weiterzubauen (V 8b).[20] JHWH hatte sie von ihrem in die Irre führenden Vorhaben abgehalten, nicht mehr und nicht weniger. Denn seiner zornigen Leidenschaft des Auslöschens und Abwischens der im Herzen nach wie vor bösen Menschheit vom Antlitz der Erde hatte er nach der großen Flut ja ein für allemal abgeschworen:

[20] Merkwürdigerweise findet der Turm, der ja immer wieder als Symbol des Hochmuts interpretiert worden ist, in V. 8 gar keine Erwähnung mehr. War für die Erzähler möglicherweise gar nicht der Turm bzw. Stufentempel als Ort der Gottesbegegnung das eigentliche Ärgernis, sondern die mit dem Städtebau angestrebte imperiale Stadtkultur, die eben einer Verbreitung der Menschheit über die gesamte Erde im Wege stand?

»[14] Und es wird geschehen, wenn ich Gewölk aufziehen lasse über der Erde und den Bogen in den Wolken sehe, [15] dann will ich mich des Bundes erinnern, den ich zwischen mir und euch und jeder lebendigen Seele, mit allem Fleisch geschlossen habe. Und nie mehr soll das Wasser zur Flut werden, um alles Fleisch zu vernichten.« (Gen 9,14f.)

Das Geschlecht von Babel, dieses Heidenvolk, Menschenvolk, wurde gerichtet, um gerettet zu werden. Mit der Verwirrung der Sprachen und der Zerstreuung über das Antlitz der Erde holte der Schöpfer den Babel-Menschen zurück unter den Bogen des Bundes, holte ihn heraus aus seiner Weltangst und wieder hinein in den weiten Raum des Schöpfungssegens. Dem Schöpfungssegen aber ist der Mut zum Dasein und die Freude an der Vielfalt eingeschrieben. Die sollten nicht verloren gehen. Gen 11,1-9 traktiert das Gericht als Gnade. Und die Diaspora, die am Ende der Erzählung steht, der Aufbruch von Babel bis an die Enden der Welt, ist Gottes Gnadengabe.

3. Diaspora als Gnade

Bedenkt man die am Anfang gestellten Fragen zur Pluralisierung und Individualisierung der Moderne und der sich daraus ergebenden Radikalisierung des Diasporagedankens auf dem Hintergrund von Gen 11,1-9, dann fällt zunächst einmal auf, dass der Erzähler in dem Konflikt zwischen *Einheit* und *Vielfalt*, der die Geschichte der Menschheit bis in die Moderne begleitet, Position bezieht. Auf welche Seite auch immer die Beobachter der Moderne sich schlagen – ob sie eher das Streben nach Einheit, die Globalisierungs- und Universalisierungsschübe als Krise erfahren oder ob sie umgekehrt in der unübersichtlichen Vielfalt der Individualisierungs- und Pluralisierungsschübe den Untergang des Abendlandes diagnostizieren –, beiden Konfliktparteien, den Verteidigern der Einheit und denen der Vielfalt, fehlt es an der Kraft zum Ja, der Kraft, sich »mit dem Ja zum Unvollkommenen zu bescheiden«. Auf diese »Schwierigkeiten des Menschen beim Jasagen« hat *Odo Marquard* in seinem lesenswerten Essay über »Einheit und Vielheit« hingewiesen.[21] Ja, er diagnostiziert dagegen eine geradezu unausrottbare Lust des Menschen zur Negation, zum Nein, obwohl es doch hinreichenden Grund gäbe, nicht unbedingt ein überschwängliches, aber doch unemphatisches Ja zur bürgerlichen Moderne zu sagen!

> »Je mehr Krankheit die Medizin besiegt, um so größer wird die Neigung, die Medizin selber zur Krankheit zu erklären; je mehr Lebensvorteile die Chemie den Menschen bringt, desto mehr gerät sie in den Verdacht, ausschließlich zur Vergiftung des Menschen erfunden zu sein; je mehr die gewaltenteilige liberale Mehrparteiendemokratie den Menschen Repressionen erspart, um so leichter proklamiert man sie selber zur Repression; kurzum und allgemein: die Entlastung vom Negativen – gerade sie – gerade sie führt zur Negativierung des Entlastenden.«[22]

Steckt auch in uns etwas von dieser Weltangst des »Babel-Menschen«, der unfähig war und ist, die Vielfalt und Weite der Erde, der Länder und Völker, der Menschen mit ihren grandiosen Erfolgen und ihren Niederlagen als Gottes gute Schöpfung zu bejahen, wie sie nach Gen 10 gegeben ist? Und woran mag das liegen, diese unausrottbar scheinende Welt- und Diasporaangst? Ein Grund hierfür ist nach *Odo Marquard* die Kürze des Lebens und das Wissen darum, dass wir nur *ein* Leben haben. Dieses Wissen um die Endlichkeit unserer irdischen Lebenszeit, um die Einzigkeit und Einmaligkeit unseres vergänglichen Namens, den wir uns gemacht haben, dieses Wissen lässt uns danach trachten, unser Leben zu einer Einheit zu formen, ihm das Fragmentarische zu nehmen, uns dagegen zu wehren, es in Vielfalt zu verplempern, so dass es einmal am Ende von uns heißen könnte: er war ein *homo dispersus*, ein zer-

---

[21] Vgl. *O. Marquard* (Anm. 4), 205-219, bes. 212ff.

[22] *O. Marquard*, ebd., 214f.

streuter Mensch! Gegen diesen aus der Endlichkeitsangst geborenen Einheitswillen und Ganzheitswahn macht uns *Marquard* darauf aufmerksam:

> »…es gibt nicht nur den jeweils Einzelnen, sondern es gibt auch den Anderen, unsere Mitmenschen, die, weil sie viele sind, viele Leben haben, an denen wir teilnehmen können und dadurch – in gewisser Hinsicht – auch ihre Leben haben. Weil wir trotz unserer Lebenseinzigkeit mehrere – viele – Leben brauchen, brauchen wir unsere Mitmenschen: Die Kommunikation mit ihnen in all ihrer Vielheit ist für uns die einzige Chance, trotz unserer Lebenseinzigkeit viele Leben zu leben.«[23]

Und dann fügt er für das Völkchen, das sich eine Lippe und eine Sprache bewahren möchte, also für den Babel-Menschen, hinzu:

> »Von Tomas Masaryk stammt das schöne Diktum: So viele Sprachen man spricht, so viel mal ist man ein Mensch. Das ist variierbar…: Mit so vielen Menschen man kommuniziert, so viel mal hat man sein Leben.«[24]

Hat *Odo Marquard*, der Philosoph der Endlichkeit und der Skepsis, mit seiner Ermutigung zum Ja zur vielfältigen, unvollkommenen, fragmentarischen, gegebenen Welt etwas vom Geheimnis der Gnade der Diaspora entdeckt? Und können Christenmenschen dieses Ja zur Vielfalt der Völker, Sprachen, Länder und Religionen, der Juden, Christen und Heiden, nicht fröhlich und gelassen aufnehmen, weil sie gerade als *zerstreute Menschen* um den Schöpfungssegen ihres Schöpfers wissen, der mit ihnen zieht von Babel bis an die Enden der Welt?

---

[23] *O. Marquard*, ebd., 218.

[24] *O. Marquard*, ebd., 219.

Gott lässt sich besiegen

Jakobs Kampf am Jabboq in Genesis 32,23-33*

1. In Geschichten verstrickt

Der Mensch ist »in Geschichten verstrickt«.[1] Auf diesen schlichten Sachverhalt hat der Philosoph *Wilhelm Schapp* mit Nachdruck aufmerksam gemacht. Aus vielen Geschichten formt sich eine Geschichte. Wir leben in Verstrickungen, d. h., dass wir nicht allein autonome Subjekte unserer Geschichte sind, sondern immer auch Objekte. Wir schreiben nicht nur unsere Geschichte, sondern uns wird eine Geschichte eingeschrieben, ob wir das wollen oder nicht. Der Strom der Geschichte kommt auf uns zu, nimmt uns für die Spanne unseres Lebens mit, verstrickt uns in Geschichten und geht am Ende über uns hinweg, um die nächste Generation zu empfangen. Die Geschichten vergehen, die Geschichte geht weiter, *unsere* Zeit verliert sich in der Ewigkeit. Wer die Geschichte verstehen will, muss daher ihre Geschichten kennen, wer eine Ahnung von der Ewigkeit erhaschen möchte, muss aufmerksam auf die Zeiten achten und auf die Geschichten, die sie füllen. Dieses Wechselspiel von Zeit und Ewigkeit, Geschichte und Geschichten spiegelt sich literarisch in dem unauflöslichen Zusammenhang von Text und Kontext wider. Texte sind in Kontexte ganz unterschiedlicher Art verstrickt. Ohne die Kenntnis der Kontexte bleiben die Texte oft stumm, unverständlich und einer Fülle von Missverständnissen ausgesetzt. Das gilt in ganz besonderer Weise für die biblischen Geschichten, die ja nur deswegen erzählt wurden, damit in ihnen die unendliche Geschichte Gottes mit dem Menschen erfahrbar, geschaut und geschmeckt werden kann.

---

* Vortrag vor der Katholischen Akademie des Bistums Dresden-Meißen im März 2012.

[1] *W. Schapp*, In Geschichten verstrickt. Zum Sein von Mensch und Ding, Frankfurt a. M. 42004, 1.

Die Geschichte von Jakobs Kampf am Jabboq ist die Geschichte einer Nacht, nur ein schmaler Ausschnitt aus der *literarischen* Lebensgeschichte des Erzvaters.[2] Schon den biblischen Erzählern war deutlich, dass dieser biographische Ausschnitt, tief verstrickt ist in die Geschichte des Volkes Israel. Nur diese Einbindung und Verstrickung der Individualgeschichte in die Volksgeschichte hat dazu geführt, dass die Jakobsgeschichte immer neu überliefert und erinnert wurde. Eine Nacht aus dem Leben des Erzvaters herausgerissen aus ihrer Zeit, eingepflanzt in die Geschichte eines Volkes, aufbewahrt für die Ewigkeit! Denn was ist die Ewigkeit im biblischen Verständnis anderes als die Geschichte Gottes mit dem Menschen? Wenn im Folgenden von dieser Nacht im Leben Jakobs die Rede ist, dann geht es dabei also nicht nur um einen winzigen Ausschnitt aus der individuellen Lebenszeit eines Menschen, es geht um einen Augenblick der Weltzeit Gottes in der Biographie Jakobs, der Biographie des Volkes Israel, in der Ewigkeit, in der sein Leben mit dem unseren verstrickt ist.

2. Kontext I: Praeludium

Der literarische Kontext unserer Erzählung ist die Tora, die große für die Geschichte Israels und des Judentums normative und formative Erzählung, die mit der Schöpfungsgeschichte einsetzt und mit der Erzählung vom Tod des Mose endet. Da heißt es vom ersten Schöpfungstag: »Und Gott sprach: Es werde Licht! Und es ward Licht. Und Gott sah, dass das Licht gut war. Und Gott schied das Licht von der Finsternis. Und Gott nannte das Licht Tag, und die Finsternis nannte er Nacht. Und es wurde Abend und es

---

[2] Im Folgenden kommen die Jakobsgeschichten der Bibel nicht als historische, sondern als literarische Biographie zur Sprache, da sich über den historischen Jakob keine zuverlässigen Aussagen mehr machen lassen. Vgl. dazu *R. A. Klein*, Jakob. Wie Gott auf krummen Linien gerade schreibt, BG 17, Leipzig 2007, 11-17.

wurde Morgen: Tag eins« (Gen 1,3-5). Diesem ersten Abend und dem ersten Morgen sollten noch viele weitere folgen. Und immer wenn die Nacht hereinbrach und das Land ins Dunkel hüllte, wartete Israel auf den Ruf des Schöpfers: »Es werde Licht!«, damit es Morgen würde, wartete es auf seine Rettung aus der Finsternis.

Ja, wie sich ein Tag an den anderen reihte, ein Morgen an den nächsten Morgen, so folgte eine Generation auf die andere. Das wird an den Geschlechtsregistern deutlich, die sich durch die gesamte Genesis ziehen. Der Rhythmus von Nacht und Tag, Dunkelheit und Licht, wird begleitet vom Rhythmus des Geborenwerdens und des Sterbens, des Werdens und Vergehens. Zeit wird als Lebenszeit erfahren. Die Genealogien sind der Lebensfaden in der Zeit, der die Leser bis hin zu den beiden Brüdern Esau und Jakob führt, von deren Geschichten im Folgenden die Rede ist.

Aber um es uns Lesern sofort deutlich zu machen, dass es hier um sehr viel mehr geht als nur um eine individuelle Geschichte von zwei Zwillingsbrüdern, weitet der Erzähler mit einem Geburtsorakel sofort den Kontext aus. In die menschlichen Stimmen der Geschichten spielt er die Stimme Gottes und seiner Geschichte mit den Menschen ein. So wird der Rebekka, die Zwillinge im Leibe trägt, von JHWH geweissagt: »Zwei Völker sind in deinem Leibe, und zwei Nationen werden sich aus deinem Schoße scheiden. Eine Nation wird der anderen überlegen sein, und die ältere wird der jüngeren dienen« (Gen 25,23). Das also sollen wir als Leser von allem Anfang an wissen: Es geht nicht allein um eine spannende, unterhaltsame Familiengeschichte, einen Bruderkonflikt, die Aneinanderreihung einiger Schelmenstücke. Es geht um die Geschichte von Brudervölkern. Und da dieses Geburtsorakel im Konzept des Erzählers Wort JHWHs ist, unmittelbares Gotteswort, geht es eben auch um die Geschichte dieses Gottes und der Völker.

Aber wo der Gott Israels ins Spiel kommt, da herrschen seine Spielregeln und nicht mehr die der Menschen.

Menschlicher Brauch und menschliche Regel war der Vorzug des Erstgeborenen vor den jüngeren Brüdern. Er erbte und übernahm die Autorität des *pater familias*. Und wenn dieser starb, so hatten die jüngeren Geschwister ihm zu gehorchen und zu dienen. Gott aber bindet sich nicht an menschliche Regeln. Er erwählt, wen er will. Da zählen weder Alter noch Ansehen, sondern allein sein freier Wille. »Wem ich gnädig bin, dem bin ich gnädig, und wessen ich mich erbarme, dessen erbarme ich mich« (Ex 33,19), sagt JHWH zu Mose. So erwies er auch Jakob seine Gnade und erwählte den Jüngeren der beiden Brüder gegen menschlichen Brauch und Sitte. Und um uns Lesern vor Augen zu führen, dass die freie Erwählung weder etwas mit Jakobs Vorzügen noch mit seinen Verdiensten zu tun hat, reiht sich nun ein Schelmenstück des Erwählten an das andere. Er ergaunert sich von Esau sein Erstgeburtsrecht gegen ein Linsengericht (Gen 25,29-34); er erschleicht sich mit einem raffinierten Täuschungsmanöver den Erstgeburts- und Sterbesegen seines erblindeten Vaters Isaak (Gen 27); er, der nach dem Propheten Hosea schon von Mutterleib an ein Betrüger war (Hos 12,4), wird nach der Flucht vor dem auf Rache und Mord sinnenden Bruder Esau selbst zum Betrogenen in jener Hochzeitsnacht, in der ihm Laban, der Schwiegervater, nicht die geliebte und jüngere Rahel zuführt, sondern die ältere Lea (Gen 29); er weiß sich mit Hirtenlist und Tücke reichen Herdenbesitz von seinem Schwiegervater zu ergaunern (Gen 30,25-43) und diesem mit Gottes Hilfe zu entkommen (Gen 31), um schließlich wieder in das Land seiner Väter zurückzuziehen, das Land der Verheißung, das ihm Gott auf seiner Flucht im nächtlichen Traum von der Himmelsleiter zugesagt hatte (Gen 28). Doch dieses Land war ja nicht nur das Land der Väter, es war auch das Land des Bruders Esau, dem er jetzt in jener geheimnisvollen Nacht mit Hoffen und Bangen entgegenzog.

Er trifft alle nur denkbaren Vorkehrungen, um den betrogenen Bruder versöhnlich zu stimmen. Boten werden vorausgeschickt zu Esau, um – wie es wörtlich heißt – *chen* (Gnade/Gunst) in den Augen »*meines Herrn*« (*[a]doni*), nicht Gottes, sondern Esaus zu finden (Gen 32,6). Und selbst bezeichnet er sich ihm gegenüber als »*dein* (Esaus) *Knecht*« (*abdecha*, 32,19). Das ist schon merkwürdig, dass diese Verhältnisbestimmung die gesamte Versöhnungsszene zwischen Jakob und Esau durchzieht. Konsequent bezeichnet Jakob seinen Bruder Esau als seinen »Herrn« (32,6.19; 33,8.13.14.15) und sich selbst als dessen »Knecht« (32,19.21; 33,5.8.13.14.15). Wie passt das zusammen mit dem Geburtsorakel in Gen 25,23 und dem Sterbesegen Isaaks in 27,29? Liegen hier lediglich Höflichkeitsfloskeln vor, nach denen sich der »Erwählte« klein macht, indem er den »Betrogenen« groß macht? Also wieder nur ein Täuschungsmanöver? Warum erklärt er den Älteren, der ihm doch nach dem Willen Gottes dienen sollte, zum Herrn und sich selbst zum Diener? Verwirft er damit nicht die Geschichte seiner Erwählung? Handelt er in der Selbstverknechtung vor Esau gegen Gottes Wort und Plan, den er in seiner Geschichte mit ihm hatte, nämlich dass er, Jakob, der Herr sei und Esau der Diener? Die Frage soll vorläufig ein Merkposten bleiben.

Nachdem Jakob alles getan hatte, was Menschen möglich war, blieb ihm nichts anderes übrig, als nun Gott zu bitten, das Seine zur Rettung beizutragen. Es folgt in Gen 32,10-14 ein ausführliches Gebet. Dieses setzt mit der Anrede »Gott meines Vaters Abraham und Gott meines Vaters Isaak« ein (V 10a). Den »Gott seiner Väter«, den der Erzähler mit JHWH, dem Volksgott Israels, identifiziert, erinnert er an die Zusagen, die er ihm in Gen 28,13-15 gegeben hatte. Und er demütigt sich vor ihm mit dem Satz: »Ich bin zu klein/gering (*qatonti*) für all die Gunsterweise und die Treue, die du an deinem Knecht getan hast.« So wie sich Jakob in 32,5b Esau gegenüber als Knecht bezeichnet hatte, so auch hier gegenüber seinem Gott. Vor Esau und vor seinem Gott ist er in der Stunde der Rückkehr nichts als ein

Diener, ganz klein wurde er, aber ein »Kleiner«, dem Gott Güte und Treue erwiesen hatte. Mausearm zog er einst allein mit seinem Wanderstab über den Jordan. Und jetzt wurden zwei stattliche Lager aus ihm (zwei Reiche?). Das Nomen *maqel* (»Stab/Rute«) erinnert den Leser natürlich sofort an die geschälten Stäbe, die er bei seiner Hirtenlist an den Tränken aufgestellt hatte und durch die er zum wohlhabenden Herdenbesitzer geworden war (Gen 30,37ff.). Am »Bettelstab« ist er gegangen, aber die »Zauberstäbe« haben ihn reich gemacht. Daher fleht er Gott an, ihn und die Seinen, die Mutter und ihre Söhne (Gen 32,12), vor Esau zu retten. Noch einmal erinnert er JHWH an die Nacht in Bethel, die Nacht der Flucht vor dem Bruder, vor der Rache, in der er auszog aus dem Land der Verheißung (Gen 28,10-22). Und wieder steht er vor einer entscheidenden Nacht seines Lebens, der Nacht der Rückkehr zum Bruder (Gen 32,14a).

Wie sollte er ihm unter die Augen treten? Was das Gebet gegenüber *Gott* bewirken soll, das sollen die Geschenke gegenüber dem *Bruder* leisten (Gen 32,14-22). Die reichen Gaben, die er ihm vorausschickt, sollen das Angesicht Esaus *»versühnen«*. Da steht das hebräische Verb *kipper*, »Sühne leisten«. Die Gaben sind gleichsam ein »Sühnopfer«, das er Esau, seinem Herrn und Bruder, in der Hoffnung bringt, dass sie sich wieder gegenseitig ins Angesicht schauen können und dass Esau das Angesicht Jakobs erhebt (V 21b). Was hier begegnet, das ist ein starkes Signal der Körpersprache. Das Schauen des Angesichts und das Erheben des Angesichts ist ja nicht nur eine Metapher, die auch auf Gott angewendet wird. Die Sprache spiegelt leibliche Erfahrungen. Schuld lässt das Angesicht des Menschen sinken. In der Erhebung des Angesichts wird sie dagegen abgetan (vgl. Gen 4,5-7). So drücken sich im Heben bzw. Senken des Angesichtes Annahme oder Ablehnung eines Menschen aus. Wurde das Angesicht eines Bittstellers in einer Audienz durch einen König *erho-*

ben, dann bedeutete das die Akzeptanz des Bittstellers und seines Anliegens (Num 6,26; 1 Sam 25,35). Genau dieses Ziel suchte Jakob bei seinem ^{a}*don*, seinem »Herrn« Esau, zu erreichen.

Dieses Nomen ^{a}*don*, »Herr«, fällt in unserem Text und im Fortsetzungsbericht in Gen 33,1ff. so oft, dass der Leser geradezu den Eindruck gewinnen muss, dass es mit Esau etwas ganz Besonderes auf sich haben muss, ja dass in der Anrede ^{a}*doni* (mein Herr), mit der Jakob Esau immer wieder bezeichnet, möglicherweise auch das für JHWH, den Gott Israels reservierte Epiteton ^{a}*donaj*, ([Gott-]Herr) mitzuhören ist. Erklärt Jakob seinen Bruder Esau zu einem ^{a}*donaj*-nahen Wesen, einer gottähnlichen Person? Gen 33,10 wird eine Antwort auf diese Frage geben. Doch noch wird diese hier nur hintergründig angedeutet, wird lediglich eine Spur markiert, der der Leser folgen soll. Damit sind aber nun alle Vorbereitungen für den großen Tag der Begegnung abgeschlossen. Nur eine Nacht noch, die letzte Nacht vor der Begegnung mit Esau will bestanden sein.

3. Die Geschichte einer Nacht

Es folgt der abgründige Text vom nächtlichen Kampf am Jabboq.

> »[23] Und er (Jakob) machte sich auf in jener Nacht und nahm seine beiden Frauen und seine beiden Mägde und seine elf Kinder. Und er zog hinüber über die Furt des Jabboq. [24] Und er nahm sie und brachte sie hinüber über den Fluss. Und er brachte hinüber, was ihm gehörte. [25] Jakob aber blieb allein zurück. Da rang ein Mann mit ihm bis zum Aufgang der Morgenröte. [26] Und er sah, dass er ihn nicht besiegen konnte. Da rührte er an sein Hüftgelenk. Und das Hüftgelenk Jakobs renkte sich aus durch sein Ringen mit ihm. [27] Da sprach er: ›Lass mich, denn die Morgenröte ist aufgestiegen.‹ Und er sprach: ›Ich lasse dich nicht, es sei denn, dass du mich zuvor gesegnet hast.‹ [28] Und er sprach zu ihm: ›Was ist dein Name?‹ Da sagte er: ›Jakob‹. [29] Daraufhin sprach er: ›Dein Name soll nicht mehr Ja-

kob genannt werden, sondern Israel. Denn du hast mit Gott gekämpft und mit Menschen und hast gesiegt.‹ [30]Und Jakob fragte und sprach: ›Nenne mir doch deinen Namen!‹ Da sprach er: ›Wozu das, dass du nach meinem Namen fragst?‹ Und er segnete ihn dort. [31]Da nannte Jakob den Namen des Ortes Pniel. Denn ich habe Gott von Angesicht zu Angesicht gesehen. Und mein Leben wurde gerettet. [32]Und ihm strahlte die Sonne auf als er an Pniel vorüber ging. Er aber hinkte wegen seiner Hüfte. [33]Daher essen die Israeliten nicht den Muskelstrang, der über dem Hüftgelenk liegt, bis auf den heutigen Tag, denn er hatte an das Hüftgelenk Jakobs gerührt, an den Muskelstrang.« (Gen 32,23-33)

Jakob steht auf, nimmt seine Frauen, Mägde und Kinder (V 23) und überquert den Fluss Jabboq. Dieser Seitenarm des Jordan (arab. *Nahr ez-Zerqa'*), der östlich von Amman entspringt, durch tiefe Schluchten des ostjordanischen Gebirges führt und bei Sukkot, dem ostjordanischen Jakobsland, in den Jordan mündet, konnte bei Gewittergüssen schnell zum reißenden Strom werden. Der Name ist abgeleitet von dem hebräischen Verb *baqaq*, »spalten«. Übersetzt bedeutet das *»er spaltet«*, der »Spaltfluss«. Doch was spaltet er? Nur eine Landschaft oder auch den einen Zwillingsbruder vom anderen? Noch ist da eine Spaltung zwischen ihnen, die überwunden sein will, eine Nacht. Hat der Erzähler den Ort des Kampfes mit Bedacht gewählt? Steckt hinter dem Ortsnamen mehr als nur ein Ort, nämlich auch ein Geheimnis, die Symbolisierung eines Konflikts? Oder sollte damit die Alliteration zwischen dem Flussnamen *Jabboq* und dem Personennamen *Jakob* unterstrichen werden? Sollte der Leser im *Jabboq*überwinder *Jakob* denjenigen kennenlernen, der die Spaltung überwand? Und welche Spaltung hat er überwunden? Nur den geographischen Spaltfluss, oder auch die menschliche Spaltung zwischen ihm und dem Zwillingsbruder, oder gar die theologische Abspaltung von Gott? Alles, was geschieht in dieser Nacht, scheint geheimnisvoll und doppeldeutig zu sein und ist daher so schwer zu entschlüsseln.

Vers 24 scheint eine Dublette zu enthalten. Danach nimmt Jakob seine Leute noch einmal und bringt sie und alles, was ihm gehörte, ein zweites Mal über den Jabboq. Solche Doppelungen lassen sich unterschiedlich interpretieren. *Benno Jacob*[3] und andere deuten sie so, dass Jakob seine Frauen, Kinder und seinen Besitz in der Nacht zunächst zusammengestellt habe und danach *allein* die Furt des Flusses überquerte, um zu prüfen, ob der Übergang für Mensch und Vieh auch geeignet sei (V 23). Danach sei das treusorgende Familienoberhaupt zurückgekehrt, um sie alle miteinander hinüberzubringen (V 24). Am jenseitigen Ufer angekommen, interessiert die Familie nicht mehr. Jetzt richtet sich der Fokus des Erzählers nur noch auf Jakob selbst, der für sich *allein* blieb (V 25a). Der exakte Handlungsablauf, der vom Erzähler lediglich mit groben Pinselstrichen angedeutet wird, ist kaum zu durchschauen. Vielleicht ist gerade diese Erzählweise ein bewusst eingesetztes Stilmittel. Es war ja Nacht. Und es sollte durchaus in der Schwebe bleiben, was sich in dieser besonderen Nacht zugetragen hatte. Eine Erzählung ist das, die nur Schattenrisse erkennen lässt.

Völlig überraschend wird eine neue Figur eingeführt: Da rang ein »Mann« (*isch*) mit ihm (V 25b). In dem Verb *wajjeabeq* (und es rang [mit ihm]) klingt erneut der Name des Flusses Jabboq an. Handelt es sich jetzt um eine etymologische Anspielung auf die Bedeutung des Flussnamens? War der Jabboq vom »Spaltfluss« zum »Kampffluss« geworden, dessen Überquerung als besonders gefährlich galt? Der Mann selbst, der mit Jakob rang, bleibt zunächst vollkommen im »Nebel«. Kein Wort darüber, wer er war, woher er kam, warum er mit Jakob rang. Das entspricht einem theologischem Konzept, nach dem die Anwesenheit von Boten Gottes oder die Gegenwart Gottes selbst, wenn sie im Irdischen agieren, erst nach und nach aufgedeckt

[3] *B. Jacob*, Das Buch Genesis, Stuttgart 2000, 637.

und entschlüsselt werden (vgl. Gen 18; Num 22; Sach 1). Dass dem Menschen ein Bote Gottes, ein Engel begegnet, dafür ist er im Augenblick der Begegnung häufig blind. Gott ist nur im Nachhinein, an seinen Spuren, die er hinterließ, zu erkennen. Man kann ihm nur wie Mose hinterhersehen, seine Rückseite erblicken, denn niemand, der Gott sieht, bleibt am Leben (Ex 33,20).

In Vers 26 entbrennt ein verbissener Kampf, ein hartnäckiges Ringen am Ufer des nächtlichen Flusses. Der Angreifer, der Jakob nicht überwinden kann, verrenkt ihm die Hüftpfanne (V 26b). Der Erzähler weckt beim Leser geradezu das Bedürfnis, sich die Szene auszumalen: die kämpfenden, keuchenden Männer inmitten der nächtlichen Nebelschwaden am Wasser. Fast hört man das Ächzen und Stöhnen der Ringkämpfer am Fluss. Der Erzähler setzt minimale Mittel ein und erzielt damit gerade einen maximalen Effekt.

Schließlich ergibt sich ein Dialog zwischen den beiden Kämpfern. Die Bitte des Mannes, »entlasse mich« (V 27a), ist bemerkenswert. Mit exakt demselben Wort (*schall^{e}cheni*) hatte Jakob seinen Schwiegervater Laban in Gen 30,25 um Entlassung aus dem Dienstverhältnis gebeten. Jetzt wird Jakob vom geheimnisvollen Ringkämpfer um Entlassung gebeten. Und die Bitte wird damit begründet, dass die Morgenröte aufsteigt (V 27a). Was für ein Grund soll das sein? Scheut der nächtliche Kämpfer das Licht des Tages? War es ursprünglich – wie in den Kommentaren immer wieder angenommen wurde – ein nächtlicher Flussdämon,[4] dessen Kräfte im Licht der Sonne dahinschmelzen wie der Schnee? Auch hier gibt der Erzähler nur verhaltene Andeutungen. Mit seinen Informationen ist er mehr als zurückhaltend.

Jakobs Antwort auf die Entlassungsbitte lautet: »Ich lasse dich nicht, du segnest mich denn« (V 27b). Jetzt erfah-

---

[4] *C. Westermann*, Genesis II, BK I/2, Neukirchen-Vluyn 1981, 629.

ren wir immerhin so viel, dass Jakob sich von dem nächtlichen Angreifer einen weiteren Segen erstreiten möchte. Ahnte er, dass er da mit einem *Mann* rang, der ihm über den Segen des sterbenden Vaters hinaus (Gen 27) zu einer ungeahnten noch ganz anderen Segensfülle verhelfen könnte?

Daraufhin (erst jetzt!) fragt der nächtliche Angreifer nach dem Namen seines Gegners. Und Jakob nennt ihm diesen (V 28). Und erst in Vers 29 wird klar, dass der seltsame Kämpfer eine Respektsfigur zu sein schien. Er hatte wie ein orientalischer Großkönig die Macht, einem anderen einen neuen Namen zu geben (vgl. die Umbenennung von Mattanja in Zedekia in 2 Kön 24,17 oder die Umbenennung Daniels und seiner Freunde in Dan 1). »Dein Name soll nicht mehr Jakob genannt werden, sondern Israel« (Gen 32,29a). Und auch hier wird die Umbenennung zu einem »Namensspiel«. *Jakob* soll fortan *Israel* heißen, weil er mit Gott und mit Menschen *gekämpft* hat. Das hebräische Verb *sarah* (streiten/kämpfen) steckt im Namen *Jisrael*, der so viel bedeuten kann wie »El (Gott) streitet/kämpft«. Diese Deutung legt zumindest unser Erzähler seiner Leserschaft nahe. Mit der Umbenennung wird die Geschichte Jakobs endgültig zu einer *Israel-Geschichte*, die Familiengeschichte zu einer Volksgeschichte. Fortan soll jeder Leser im Geschick Jakobs das Geschick des Volkes Israel entdecken, das wie Jakob mit Menschen und mit Gott gerungen hat.

Doch noch immer hat Jakob wohl nicht begriffen, mit wem er es eigentlich zu tun hat. Hätte er es nicht längst merken können, dass er es – ungeheuerlich genug (!) – mit Gott selbst zu tun bekam? Konnte oder wollte er das gar nicht glauben, dass er nicht nur Menschen, sondern nun auch Gott bezwungen hatte? Jedenfalls fragt auch er jetzt nach dem Namen seines Gegners, der aber eine Antwort auf die Frage ablehnt (V 30a). Er gibt seinen Namen nicht preis. An Stelle dessen segnet er ihn. Das also war eine erneute Segnung, die ihm bei seiner Rückkehr in das Land der Väter widerfuhr (vgl. Gen 27,27-29; 28,1-4.13-15). Über den Inhalt dieses Rückkehrersegens erfahren wir nichts.

Was für eine merkwürdige nächtliche Kampfszene am Fluss. Sie gibt mehr Fragen auf, als dass sie Antworten liefert. Bleiben Menschen, die in einem verzweifelten Lebenskampf auf Gott stoßen, am Ende eher mit Fragen als mit Antworten zurück? Es gibt Menschen, die denken, einmal Gott sehen, einmal ihn »begreifen« und alle Fragen sind beseitigt. *Gerhard von Rad* hat hingegen einmal mit einem Seitenblick auf den Propheten Jeremia gesagt: »Hinter dem Vorhang, der vor der Geschichte hängt, stehen nicht die Lösungen, sondern noch viel dunklere Probleme, von denen der Mensch nichts ahnt«.[5]

Gerade inmitten dieser vielen unbeantworteten Fragen bekennt Jakob aber am Ende: »... ich habe Gott geschaut von Angesicht zu Angesicht und mein Leben wurde gerettet« (V 31). Das ist ja alles andere als selbstverständlich. Schließlich wusste man in Israel, dass der Mensch Gott nicht sehen kann, ohne zu sterben (vgl. Ex 19,21ff.; 33,20). Jakob/Israel widerfuhr beim Blick in »das Angesicht« (*panim*) Gottes nicht der Tod, sondern das Leben! Und daher nennt er den Ort, an dem dies geschah, *P^e^niel* (Angesicht Gottes); wieder das Klangspiel der Worte, das geheimnisvolle Bedeutungen andeutet. So hinkt der an der Hüfte von Gott verletzte und gerettete Kämpfer in einen neuen Morgen. Auch das ist ein altes Motiv, tief verwurzelt in den Religionen des Alten Orients, die Hoffnung auf und der Glaube an die Rettung am Morgen nach einer langen und durchkämpften Nacht, einer Nacht, in der die Finsternis wie ein Chaos in Jakobs Leben einbrach.[6] Den Abschluss

---

[5] *G. v. Rad*, Gottes Wirken in Israel. Vorträge zum Alten Testament, Neukirchen-Vluyn 1974, 225.

[6] Vgl. dazu *B. Janowski*, Rettungsgewißheit und Epiphanie des Heils. Das Motiv der Hilfe Gottes »am Morgen« im Alten Orient und im Alten Testament, Bd. I: Alter Orient, WMANT 59, Neukirchen-Vluyn 1989.

bildet ein Speisegebot, das sich aus dem nächtlichen Kampf ergab.

4. Der Gott vom Jabboq

Gen 32 zerfällt in zwei ganz unterschiedliche Hälften. In der ersten Hälfte (V 4-22) liegt eine weitgehend profane Erzählung vor, die uns darüber in Kenntnis setzt, wie sorgfältig und weitblickend sich Jakob auf das Wiedersehen mit Esau vorbereitet. Da wird an alles gedacht, alles dem Menschen Mögliche getan, um das Herz und die Vergebung des betrogenen Bruders wieder zurückzugewinnen. Mit jeder Kleinigkeit hat Jakob gerechnet, bis ins Detail die riskante Begegnung vorbereitet. Nur noch eine Nacht lag zwischen ihm und dem Bruder, eine Nacht der Angst.

Doch die tödliche Gefahr, die er von der Seite Esaus fürchtete, die drohte ihm von ganz anderer Seite. Den eigentlichen gefährlichen Angreifer hatte er nicht auf seiner Rechnung. So kann das sein: Ein Mensch plant und berechnet alles zum Guten. Und plötzlich bricht da eine dunkle, unberechenbare Macht in sein Leben ein, geheimnisvoll und anonym. Von solch einem Einbruch berichtet die zweite Hälfte des Kapitels, der Kampf am Jabboq (V 23-33).

Was soll diese abgründige Jakobsgeschichte in Gen 32 in der Geschichte Gottes mit Israel? Kompositorisch ist sie ein Gegenstück zu Gen 28. Dort begegnet Gott als derjenige, der Jakob seinen Schutz auf dem Weg in die Fremde zusagte, reiche Nachkommen, Landbesitz und die Rückkehr in das Land der Väter. Hier begegnet der geheimnisvolle Gott in der Gestalt des Mannes und nächtlichen Kämpfers, der mit dem Heimkehrer ringt, der ihn verletzt, aber auch segnet und sein Leben rettet. Dort der Gott, der Jakob eine große Zukunft verheißt, hier der Gott, der den Kampf mit Jakob sucht und ihn nur hinkend in den Morgen entlässt. Dort der Gott, der sich mit seiner Verheißung offenbart, der *deus revelatus*. Hier der Gott, der sich als namenloser »Mann« (*isch*) hinter der Maske eines Angreifers verbirgt, der *deus absconditus*. Er ist der, der sich in seinem Wort und Segen zu erkennen gibt, und zugleich der Gott mit der Larve, der das Gesicht eines Dämons annehmen kann. Und doch ist dieser geheimnisvolle Gott mit den beiden Gesichtern ein und derselbe, der mit Jakob/Israel kämpft *und* ihn/es rettet und segnet. Gott ist Gott und nicht Mensch. Er ist der, der nicht in unsren Denk- und Redeschablonen aufgeht.

Haben die Erzähler Israels in diese alte Geschichte von einem Flussdämon am Jabboq all ihre eigenen in sich so widersprüchlichen und undurchsichtigen Gotteserfahrungen eingeschrieben? Sind in diese Nacht des Jakob nicht alle Nächte Israels eingegangen, die es in seiner Geschichte durchkämpfen musste und immer noch muss? Die Nächte eben des Gottes, der sich – und das ist die eigentliche Provokation des Textes – von Jakob/Israel besiegen lässt? Ja, war das nicht das Großartige, Unvergleichliche an Jakob, dass er selbst dann noch an Gott festhielt, sich geradezu an ihn klammerte, als er es mit seiner dunklen, abgründigen Seite zu tun bekam? Er, Jakob, *mit* Gott *gegen* Gott kämpfend? Wie viel Verzweiflung, wie viel Mut, wie viel Hoffnung gehören dazu, Gott im Lebens- und Überlebenskampf nicht einfach fahren zu lassen, ihm selbst dann noch einen Segen abzuringen, wenn er sich dem Menschen und seinen Plänen bedrohlich, furchterregend in den Weg stellt, hinter der Larve eines Abergottes verbirgt? Wie ist das denkbar, dass ein Mensch, Jakob, stärker sein kann als Gott (Gen 32,29)? Ist Gottes Niederlage eine Niederlage aus Liebe und Barmherzigkeit zu Jakob/Israel? Lässt sich Gott besiegen, damit Jakob/Israel am Leben bleibt und gerettet wird? War das eine der Nächte des Gottes, der das Volk Israel nicht für immer und ewig zum Verlierer der Geschichte, sondern zum Sieger erklären will?

Dieser alte Text provoziert eine Frage nach der anderen. Fragen, die sich gerade nicht eindeutig und ein für allemal beantworten lassen, sondern jeder Generation neu stellen. Dabei können die Antworten durchaus verschieden ausfallen und vielfältig sein, weil die Erfahrungen, die Menschen mit Gott machen, vielfältig und verschieden sind.

Es gab und gibt Stunden, Erfahrungen, in denen der Mensch angesichts des geordneten Kosmos die Allmacht Gottes, des Schöpfers, preist. Aber gibt es nicht auch Nächte, in denen sich der Allmächtige als Ohnmächtiger zu erkennen gibt? Gott, der Sieger, der sich – um der Menschen willen – besiegen lässt? Lässt sich die Gott-Mensch-Beziehung überhaupt in den Kategorien von Sieg und Niederlage erfahren, denken und beschreiben? Und wenn ja, sind dann nicht die Fronten von allem Anfang an und ein für allemal geklärt? Der Gedanke, dass Gott, zu dem sich die Christenheit im Apostolikum als den *Allmächtigen* bekennt, ein Verlierer sein kann, scheint auf den ersten Blick absurd zu sein. Schließt Allmacht nicht die Niederlage aus? Menschen, die am Abgrund des Bösen standen, haben immer wieder die Frage gestellt, ob Gott zugleich allmächtig und gut sein könne. Und viele haben die Frage wie *Hans Jonas* in seiner berühmten Rede über den *Gottesbegriff nach Auschwitz* verneint.[7] Die Realität des Bösen lässt nur eines zu. Entweder ist er gut, dann kann er – angesichts des Bösen – nicht allmächtig sein, oder er ist allmächtig, dann kann er nicht gut sein. Lässt sich der in das Prokrustesbett des »Entweder – Oder« gepresste Gottesgedanke auch auf das Gegensatzpaar »Sieger und Verlierer« übertragen? Entweder ist Gott ein Sieger, dann kann er kein Verlierer sein, oder er ist ein Verlierer, dann kann er kein Gott sein?

Christliche Denker haben dagegen mehrfach darauf hingewiesen, dass Gottes Allmacht gerade in seiner Ohnmacht, im Tod Jesu am Kreuz, wirksam und erfahrbar geworden sei, als eine Macht der Liebe und der Hingabe für andere.

---

[7] *H. Jonas*, Der Gottesbegriff nach Auschwitz. Eine jüdische Stimme, Frankfurt a. M. 1987.

Eine Aufhellung der unabreißbaren Kette von Fragen lasse sich daher nicht allein durch die Arbeit am Begriff der »Allmacht« erreichen, sondern letztlich nur im Verweis auf Gottes konkrete Lebens- und Leidensgeschichte im Volk Israel und in Jesus Christus selbst.[8] Könnte die Niederlage JHWHs, die in der Erzählung vom Kampf am Jabboq in Gen 32 angedeutet wird, zu einer Brücke der Begegnung zwischen dem jüdischen und dem christlichen Denken werden? Zeigt sich die Macht Gottes im Alten sowie im Neuen Testament nicht gerade in seinem Willen zum Machtverzicht, zur Selbstrücknahme? Lässt sich Gott *von* Jakob aus Liebe *zu* Jakob besiegen, damit aus der Unheilsgeschichte endlich eine Segensgeschichte der Brüder wird? Aber damit sind wir wieder auf der Spur der Fragen, die uns so lange begleiten werden, bis uns der Gott Jakobs/Israels und der Vater Jesu Christi selbst einmal in den Weg tritt und die Augen öffnet, wie es Jakob am Jabboq widerfuhr.

5. Kontext II: Postludium

Im Folgekapitel Gen 33 wird schließlich erzählt, wie es zur herbeigesehnten und zugleich gefürchteten Begegnung zwischen Jakob und Esau kam. Der auf Rache sinnende Bruder kommt ihm mit offenen Armen entgegen. Und auf diesem Hintergrund wird dann einer der wichtigsten theologischen Sätze der gesamten Jakobserzählungen eingespielt, der die ganze Tragweite des Geschehens noch einmal schlaglichtartig beleuchtet! Jakob bittet, Esau möge doch seine Versöhnungsgaben annehmen, »denn dein Angesicht habe ich gesehen, wie man das Angesicht Gottes sieht, und du wurdest mir wohlgesonnen« (Gen 33,10b).

---

[8] Siehe dazu *E. Jüngel*, Gottes ursprüngliches Anfangen als schöpferische Selbstbegrenzung. Ein Beitrag zum Gespräch mit Hans Jonas über den »Gottesbegriff nach Auschwitz«, in: Ders., Wertlose Wahrheit. Zur Identität und Relevanz des christlichen Glaubens. Theologische Erörterungen 3, Tübingen ²2003, 151-162.

Da hört man den Stein regelrecht fallen, der Jakob auf der Seele lag.

Wie immer man diese Aussage auch deutet, eines ist sicher, der Erzähler vergleicht in der Rede Jakobs das Angesicht Gottes mit dem Angesicht Esaus! In Gen 32,31 hatte Jakob das Angesicht des *deus absconditus* in der Larve des unheimlichen Angreifers aus dem Nichts gesehen, der ihn verletzte und segnete. In Gen 33,10 erkennt er im Angesicht Esaus, seines Bruders und irdischen Gegners, dieses Angesicht Gottes wieder, mit dem er gerungen hatte. Jetzt bestätigt sich noch einmal ausdrücklich, was der nächtliche Gegner ihm am Jabboq gesagt hatte: »Du hast mit Gott und mit Menschen gekämpft…« (32,29b). In diesem Kampf in der Nacht am Jabboq spiegelte sich der gesamte Lebenskampf Jakobs. Sein Kampf mit Esau und mit Laban, das war auch ein Kampf mit Gott. Deswegen erkennt er jetzt im Nachhinein im Angesicht des Menschen*bruders* das Antlitz des *deus revelatus*. Gott offenbart sich im Menschenbruder. Dieser Schlüsselsatz ist keine Apotheose. Jakob macht Esau damit nicht zum Gott. Aber er vergleicht das Antlitz Esaus mit dem Gottes. Worin jedoch gleichen sich die beiden Angesichter, das Gottes und das des Menschen? Darin, dass Jakob bei JHWH wie auch bei Esau *chen* (»Gnade/Gunst/Wohlwollen«) findet (Gen 33,5.8.10.11.15). Am Ende stellt sich heraus, dass die alte Grußformel, man möge »Gnade finden in den Augen...« jemandes, mehr ist als nur eine unverbindliche Redensart. Es ist eine Versöhnungsformel, die potenzielle Gegner aneinander bindet und zusammenführt. Ja, mehr noch, in der Formel klingt ja die Bitte um Vergebung mit. Wer um Gnade bittet, weiß um Schuld. Und auch wenn davon hier nicht ausdrücklich die Rede ist, so steht doch das Wissen um die Schuld Jakobs gegenüber Esau ganz deutlich hinter der Angst, die er vor der Begegnung mit dem Bruder hatte (vgl. Gen 32,8). Nur die Gnade, das Wohlwollen Esaus kann ihn frei machen von der Angst.

Das also wirkt die Gnade Gottes und der Menschen, dass Gegner und feindliche Brüder leben können, dass das Streben nach Rache ein Ende findet. So münden sie ein, die Betrugsgeschichten, die Fluchtgeschichten, die Rachegeschichten, die Nacht- und Kampfgeschichten der Menschen in die Geschichte der Gnadentaten Gottes an seinen Geschöpfen. Und das an jedem Morgen neu! Alles dies, Versöhnung, Vergebung, Leben und Rettung ist auch eine Sache der Augen, es soll sichtbar werden! Derjenige, der diese alte Formel spricht, bittet sein Gegenüber um nicht mehr und nicht weniger als dies, dass er ihn mit anderen, neuen Augen sehen möge, als er es bisher getan hat, eben mit den Augen der »Güte« (*chen*). Wenn ein Mensch solches erfährt, dass seine ganze Schuld- und auch seine Erfolgsgeschichte von einem anderen mit den Augen der Gnade und Güte angesehen wird, dann leuchtet im Angesicht des Bruders das Angesicht Gottes auf. Denn es war ja der Gott Jakobs, der ihm seine Schuld nicht nachgetragen hat bis nach Paddan Aram, der ihm mitten in seiner Schuld Erfolg – biblisch gesprochen: reichen Segen – gewährte: zwei Frauen, Rahel und Lea, die gewollte und die ungewollte, die geliebte und die weniger geliebte, die mit den sanften Augen und die mit der schönen Gestalt, zwölf Kinder und großen Reichtum! Auf diese Weise wandelt Gott die Geschichten der Schuld in seine große Segensgeschichte. Und deswegen kann Jakob bekennen, dass er im Angesicht Esaus das Angesicht Gottes wiedererkannt hat. Der Bruder, der Versöhnung gewährt, vergibt, rettet und den schuldig gewordenen Bruder nicht tötet, sondern am Leben lässt, der vertritt Gott auf der Erde. Er, der Vergebung wirkt, ist ein *vicarius dei*. Und diesen Bruder findet Jakob ausgerechnet in Esau wieder, im Erzfeind, mit dem er sich bereits im Mutterleib gerauft hatte. Im feindlichen Bruder das Antlitz Gottes erkennen, das bringt Rache und Schuld zum Schweigen. So wächst aus den vielerlei Schuldgeschichten der Menschheit Gottes große Versöhnungsgeschichte.

Gottes Wohnungen im Alten Testament

Die Suche Israels nach der Nähe Gottes in der Welt*

Von dem Chassiden Menachem Mendel von Kozk wird eine Frage überliefert, die ihn nicht zur Ruhe kommen ließ:

> »›Wo wohnt Gott?‹
> Mit dieser Frage überraschte der Kozker einige gelehrte Männer, die bei ihm zu Gast waren. Sie lachten über ihn: ›Wie redet ihr! Ist doch die Welt seiner Herrlichkeit voll!‹
> Er aber beantwortete die eigene Frage:
> ›Gott wohnt, wo man ihn einlässt.‹«[1]

Und der Chasside Pinchas von Korez lehrte seine Schüler Folgendes:

> »Man fragte Rabbi Pinchas: ›Warum wird Gott ‚Ort' genannt? Freilich ist er der Ort der Welt; aber dann müsste man ihn eben so nennen, und nicht Ort schlechthin.‹
> Er antwortete: ›Der Mensch soll in Gott hineingehen, dass Gott ihn umgebe und sein Ort werde.‹«[2]

Mit diesen beiden Sentenzen ist im Grunde genommen alles Wichtige gesagt, was zu unserem Thema zu sagen ist. Gott wohnt, wo man ihn einlässt, ihm Raum gibt. Hier werden Mensch und Welt zur Wohnung Gottes. Er in unserer Mitte! Und gleichzeitig gilt auch die Umkehrung. Der fromme Jude, der den Namen Gottes nicht ausspricht, um ihn nicht zu verletzen, kennt ja eine Fülle von Ersatznamen. Einer davon ist das hebräische Nomen *maqom*, Ort. Und auf die Frage hin, warum man Gott *Ort* nenne, gibt Rabbi Pinchas die Antwort, damit man in ihn hineingehe, damit er

* Vortrag vor der Evangelischen Forschungsakademie der UEK im Januar 2005 und auf dem Studientag der Fokolar-Gemeinschaft im Mariapoli-Zentrum Zwochau im September 2012.

[1] *M. Buber*, Werke, Bd. III, München 1963, 664.

[2] *M. Buber*, Werke, Bd. III, 242.

der Ort des Menschen werde. Wo also wohnt Gott? Eine Frage und zwei Antworten. Beide Antworten lassen eine gegenläufige Bewegung erkennen. Einmal bewegt sich Gott auf den Menschen und die Welt als seinen Ort zu. Und ein anderes Mal soll der Mensch sich auf Gott zubewegen, ja sogar in Gott als seinen Ort hineingehen. Einmal klopft Gott an des Menschen Tür, das andere Mal soll der Mensch an die Tür Gottes klopfen.

Diese ersten Hinweise der chassidischen Meister Wolhyniens und Podoliens zu unserem Thema machen deutlich, dass die Frage nach dem Ort oder der Wohnung Gottes keine reine *Informationsfrage* ist. Wer sie stellt, dem geht es nicht um eine wie auch immer geartete Lokalisierung Gottes im Himmel oder auf der Erde. Die Frage nach Gott ist vielmehr eine *Beziehungsfrage*. Wer fragt, »Wo wohnt Gott?«, dem geht es um eine Beziehungsaufnahme, einen Ort der Begegnung, an dem sich Gott und Mensch nahekommen können. Es ist die Frage nach der Nähe und Gegenwart Gottes in der Welt, und zugleich – wie wir vom chassidischen Judentum lernen können – die Frage nach der Gegenwart von Mensch und Welt in Gott. Wo lassen wir ihn ein, und wo lässt er uns ein, lässt uns teilhaben an seiner Wirklichkeit?

1. Götterwohnungen im Alten Orient

Die israelitisch-jüdische Religion ist tief verwurzelt in den Religionen des Alten Orients. Man kann sie nicht verstehen, auch in ihrer Andersartigkeit nicht, wenn man nicht zuvor auf die Gemeinsamkeiten achtet, die den Glauben Israels mit den Religionen seiner Nachbarn verbindet. Zu diesen Gemeinsamkeiten gehört das Wissen darum, dass die Welt der Götter und die Welt der Menschen zwei unterschiedlichen Sphären oder Daseinsbereichen angehören, die allerdings nicht beziehungslos nebeneinanderstehen, sondern vielfältige Berührungspunkte aufweisen. Für den

Kulturwissenschaftler und Ägyptologen *Jan Assmann* gehören die Religionen Ägyptens und des Zweistromlandes zu den sogenannten *primären Religionen*. Diese unterscheidet er von den *sekundären Offenbarungsreligionen*, die sich auf einen Stifter oder Gründer zurückführen lassen wie Mose, Jesus oder Mohammed. Unter den primären Religionen versteht Assmann dagegen die sogenannten polytheistischen Naturreligionen des Kosmotheismus.[3]

Die Götter der Naturreligionen konnten in jeder sichtbaren Gestalt des Kosmos in Erscheinung treten und dort Wohnung nehmen. Der ägyptische Sonnengott Re trat am Himmel in Gestalt der Sonnenscheibe in Erscheinung, Quell- und Meeresgötter wohnten in der Tiefe des Wassers, Berggötter auf den Gipfeln der Berge, Baumgötter in den Zweigen heiliger Bäume. Das bedeutet, dass Menschen und Götter in *einer* Welt, *einem* Kosmos zu Hause waren, allerdings nicht auf die gleiche Weise. Die Erscheinungen der Welt (Himmel, Sonne, Mond und Sterne, Erde, Wasser, Berg und Baum) waren die *Orte* der Götter, aber nicht die Götter selbst. Diese besonderen Orte waren durchlässig, transparent für die Erfahrung der Nähe und der Anwesenheit der Götter. Sie zeigten ihre Gegenwart an und verbargen sie zugleich. Auf diese Weise bewahrten sie das Geheimnis der göttlichen Mächte, die wohl in unserer Welt wohnten und gegenwärtig waren, aber eben gegenwärtig als Abwesende, in ihren irdischen Erscheinungen sichtbar, und doch auch unsichtbar, offenbar und zugleich verborgen. Deswegen mussten diese heiligen Orte auch entsprechend als solche ausgewiesen, markiert und sichtbar gemacht werden, damit der Mensch ihre Heiligkeit nicht durch Unwissen und Unachtsamkeit verletzte.

Das wird noch sehr schön an einigen biblischen Erzählungen deutlich, die dieses Konzept von der Anwesenheit

---

[3] Vgl. *J. Assmann*, Die mosaische Unterscheidung oder der Preis des Monotheismus, München/Wien 2003, 11ff.

und Abwesenheit der Götter in der Welt teilen. Als Jakob in Gen 28 auf der Flucht vor seinem Bruder Esau nach Haran im judäischen Gebirge übernachtet, hat er einen Traum von einer Himmelsleiter, auf deren Spitze Gott steht und an der Engel auf- und absteigen. Als er erwacht, spricht er ganz spontan:

> »Fürwahr, JHWH ist an diesem *maqom* (Ort), und ich wusste es nicht. Und er fürchtete sich und sprach: Wie furchtbar ist dieser *maqom*! Er ist nichts Geringeres als das Haus Gottes, und das ist das Tor des Himmels. Am anderen Morgen früh nahm Jakob den Stein, den er unter seinen Kopf gelegt hatte, richtete ihn als Mazzebe auf und goss Öl darauf. Und er nannte jenen *maqom* Bet-El.« (Gen 28,16-19)

Später verspricht er Gott, ihm im Falle seiner glücklichen Rückkehr in das Haus seines Vaters an genau jenem *maqom* ein richtiges Haus Gottes zu errichten. Gen 28 ist eine sogenannte biblische Entdeckersage.[4] Jakob entdeckt einen heiligen Ort und markiert ihn sofort mit einer Mazzebe, einem Steinmal, um ihn auf diese Weise für andere kenntlich zu machen. Damit wird der sakrale Ort von seinem profanen Umland unterscheidbar. Die kanaanäische Religion kannte viele solcher sogenannten *bamot*, Höhenheiligtümer unter freiem Himmel. Oft waren sie durch die Errichtung eines Altars und einer oder mehrerer Mazzeben und Kultpfähle gekennzeichnet und von einer niedrigen Steinmauer umgeben, einem *temenos*, der sie vor Profanierung schützte. Sie galten als Orte der Anwesenheit der Götter, als ihre irdischen Wohnsitze.[5]

---

[4] Siehe *C. Westermann*, Genesis 12-36, BK I/2, Neukirchen-Vluyn 1981, 551.

[5] Einen informativen Überblick über die biblisch belegten und archäologisch nachgewiesenen eisenzeitlichen Kultstätten in Juda und Israel bieten *M. Tilly/W. Zwickel*, Religionsgeschichte Israels von der Vorzeit bis zu den Anfängen des Christentums, Darmstadt 2011, 60-68.

Mit der Entstehung der antiken Stadtkulturen wurden die Wohnsitze der Götter immer häufiger in die Städte verlegt, für die sie nun die Funktion von Schutzgöttern wahrnahmen, ohne dass damit jedoch die Heiligtümer unter freiem Himmel obsolet geworden wären. Jetzt, in den Städten, baute man den Göttern wirkliche Häuser, Tempel, in denen sie beheimatet wurden. Die altorientalischen Tempelbautheologien verraten uns viel darüber, wie sich die Menschen des Alten Orients das Wohnen der Götter in der irdischen Welt vorstellten.[6] Und diese Vorstellungen waren alles andere als naiv. Der Tempel war für den Altorientalen ein Mikrokosmos im gewaltigen Makrokosmos. Er stellte gleichsam den Kosmos *en miniature* dar. Sein Fußboden symbolisierte die über dem Urozean errichtete Erde. Die Wände waren häufig mit Pflanzen- und Tierornamenten geschmückt und spiegelten Fauna und Flora der menschlichen Lebenswelt. Die Säulen trugen die Decke, die mit Gestirnen ausgemalt war und den Himmel darstellte. Selbstverständlich gehörte zu jeder vernünftigen Tempelanlage eine Tempelquelle (vgl. Ez 47) oder wenigstens ein großes Wasserbecken – man denke nur an das sogenannte Eherne Meer im Jerusalemer Tempel (1 Kön 7,23-25) –, die den Urozean symbolisierten. So wie man die Götter im großen Kosmos gegenwärtig glaubte, so suchte man sie auch im Mikrokosmos der irdischen Tempel heimisch werden zu lassen.[7]

Der Tempel galt als Mittelpunkt und Nabel der Welt. Er wurde im Zweistromland auf dem sogenannten *dukku* er-

---

[6] Vgl. dazu die Beiträge in dem die neueste Forschung repräsentierenden Sammelband von *J. Kamlah* (Ed.), Temple Building and Temple Cult. Architecture and Cultic Parphernalia of Temples in the Levant (2.–1. Mill. B.C.E.), ADPV 41, Wiesbaden 2012.

[7] Siehe hierzu *B. Janowski*, Der Himmel auf Erden. Zur kosmologischen Bedeutung des Tempels in der Umwelt Israels, in: Ders.,/B. Ego, Das biblische Weltbild und seine altorientalischen Kontexte, FAT 32, Tübingen 2001, 229-260.

richtet, dem Urhügel, der als erster bei der Schöpfung aus dem Urmeer emporstieg. Durch ihn hindurch verlief die *axis mundi*, die Weltachse, die in ihrer vertikalen Ausrichtung die Erde mit der Unterwelt und dem Himmel verband. Dabei entsprach der Tempel auf dem *dukku* als irdischer Wohnsitz dem himmlischen Wohnsitz der Gottheit, über den dieser selbstverständlich neben seinem Palast auf der Erde verfügte. Und ebenso hatten die Unterweltsgötter in der Tiefe des Urmeeres, im *t^{e}hom*, ihren Wohnsitz. Die Tempeltheologie hatte also immer kosmische Dimensionen. Der Tempel war – wie es in Gen 28 hieß – als Haus Gottes gleichzeitig ein »Tor zum Himmel«.

Das wird ganz besonders sinnenfällig bei den Ziqqurats, den babylonischen Stufentempeln, die wohl auch bei der Erzählung vom Turmbau zu Babel (Gen 11) Pate gestanden haben dürften. Auf ihrer Spitze war eine *cella*, das Allerheiligste, in dem die Gottheit wohnte. Diese durfte nur von ausgewählten Priestern über gewaltige Treppenanlagen betreten werden, die für den Dienst der Götter zuständig waren. In der Ausübung des Kultes näherten sie sich dem Himmel, an den die Spitze die Ziqqurat rührte. Dass die Tempel eine Kontaktzone zwischen Himmel und Erde, irdischer und himmlischer Wohnstadt der Götter darstellten, wird darüber hinaus sehr schön an der Bezeichnung deutlich, die man dem Tempel des babylonischen Hauptgottes Marduk in Babel gab. Man nannte ihn Esagila, d. h. »erhobenes Haupt«, und zugleich war er für die Einwohner von Babel das »Band zwischen Himmel und Erde«.

In diesen Tempeln wohnten die Götter in Gestalt ihrer Götterbilder, die – aufgestellt in einer eigenen Nische – durch den täglichen Opferdienst versorgt, gekleidet und kultisch verehrt wurden. Dieser Bilderkult des Alten Orients war keineswegs so naiv, wie er in der prophetischen Götzenpolemik des Alten Testaments vorgestellt wird (vgl. u. a. Jes 40,19f.; 41,21-29; Jer 10). Zur Anfertigung von Götterbildern waren nur besondere Spezialisten zugelassen, die über außergewöhnliche Fähigkeiten verfügten, die ihnen von der Gottheit selbst verliehen worden waren. Sie liehen – nach altorientalischer Anschauung – den Göttern lediglich ihre Hände für die Anfertigung des Bildes. Die eigentlichen Hersteller waren die Götter selbst, die Künstler waren lediglich das Medium, durch das sie wirkten. Und wenn dieses Bild aus Holz oder Metall fertiggestellt war, galt es immer noch als unvollkommen. Denn erst jetzt wurde das Bild durch eine Fülle von komplizierten Mundwaschungs- und Mundöffnungsritualen belebt. Diese Rituale hatten die Funktion, zu bewirken, dass die himmlische Gottheit nun auch in ihrem irdischen Bild Wohnung nahm, es gleichsam als ihren »irdischen Leib« annahm und belebte. Deswegen nannte man die Priester, die berechtigt und befähigt waren, Götterbilder herzustellen, »Beseeler« oder »Beleber«. Sie hauchten den Bildern Seele und Leben ein. Auf diese Weise wurden die Götter in ihrem Tempel in Gestalt ihrer Bilder wohnhaft.[8]

Darüber hinaus stellt sich die Frage, wer überhaupt dazu berechtigt war, einen Tempel zu errichten und die Herstellung von Götterbildern zu veranlassen. Das durfte keineswegs jedermann, sondern in der Regel nur der König. Tempelbau war Königssache! Aber der König konnte nur dann in Aktion treten, wenn er von den Göttern selbst durch eingeholte Orakel oder Traumoffenbarungen dazu ermächtigt worden war. Das heißt, dass der König letztlich immer als irdischer Stellvertreter der Götter und in ihrem Auftrag handelte. Und daher waren in der altorientalischen Ikonographie auch die Götter selbst mit am Tempelbau beteiligt. Sie waren die eigentlichen Initiatoren für die Errichtung, Erhaltung und Wiederherstellung ihrer eigenen irdischen Wohnungen. Und wenn die göttlichen Omina,

[8] Wegweisend dazu ist die Arbeit von *A. Berlejung*, Die Theologie der Bilder. Herstellung und Einweihung von Kultbildern in Mesopotamien und die alttestamentliche Bilderpolemik, OBO 162, Fribourg/Göttingen 1998.

die Vorzeichen, für solch ein Tempelbauwerk nicht günstig standen, dann konnten sie diese auch unterbinden.[9]

Aus alledem wird deutlich, wie komplex die Vorstellungen vom Wohnen Gottes in den Nachbarreligionen Israels gewesen sind. Die Götter wohnten und erschienen im Himmel und auf der Erde. Auf Letzterer suchte man sie an besonderen heiligen Orten unter freiem Himmel auf sowie in Tempeln, die ein Abbild und Modell des Kosmos darstellten. Der Kosmos als ganzer war durchlässig und transparent für die Götter, die in ihm zugleich präsent und doch abwesend waren, sichtbar und doch verborgen wohnten. Grundsätzlich war jeder Ort dieser Welt dazu geeignet, zum Wohnsitz eines Gottes zu werden.

2. Der Tempel von Jerusalem als Wohnung JHWHs, des Gottes Israels

Liest man auf diesem Hintergrund die biblischen Texte, dann wird man eine Fülle von Gemeinsamkeiten, aber auch ganz charakteristische Unterschiede entdecken. So unter anderem das klassische altorientalische Motiv vom König als Tempelbauer. Diese Pflicht und dieses Vorrecht nahmen selbstverständlich auch die Könige Israels und Judas für sich in Anspruch. Daher verwundert es keineswegs, dass in 2 Sam 7 von David erzählt wird:

> »[1] Als nun der König in seinem Hause saß und JHWH ihm Ruhe gegeben hatte vor allen seinen Feinden umher, [2] sprach er zu dem Propheten Nathan: Siehe doch, ich wohne in einem Zedernhause, und die Lade Gottes wohnt unter Zeltdecken. [3] Nathan sprach zu dem König: Wohlan, alles, was in deinem Herzen ist, das tu, denn JHWH ist mit dir«. (2 Sam 7,1-3)

---

[9] Siehe dazu *R. Lux*, Der König als Tempelbauer. Anmerkungen zur sakralen Legitimation von Herrschaft im Alten Testament, in: *F.-R. Erkens* (Hg.), Herrschaftslegitimierung im Wechsel der Zeiten und Räume, Berlin 2002, 99-122.

Hier interessiert nicht die Frage nach der Historizität des im Text berichteten Geschehens,[10] sondern das Tempelbaukonzept, das in ihm sichtbar wird und bei den ersten Lesern offensichtlich vom Autor vorausgesetzt worden ist. Danach will David also nichts anderes als seinen königlichen Pflichten nachkommen und dafür sorgen, dass JHWH, dem Gott Israels, nun auch in Jerusalem ein fester Tempel gebaut wird. Dieses Vorhaben teilt er zunächst seinem Hofpropheten Nathan mit, der offensichtlich als religiöser Berater auch für solche Fragen zuständig war und ihm zunächst grünes Licht gibt.

> »[4] In der Nacht aber kam das Wort JHWHs zu Nathan: [5] Geh hin und sage zu meinem Knecht David: So spricht JHWH: Solltest du mir ein Haus bauen, dass ich darin wohne? [6] Habe ich doch in keinem Hause gewohnt seit dem Tag, da ich die Israeliten aus Ägypten führte, bis auf diesen Tag, sondern ich bin umhergezogen in einem Zelt als Wohnung. [7] Habe ich die ganze Zeit, als ich mit den Israeliten umherzog, je geredet zu einem der Richter Israels, denen ich befohlen hatte, mein Volk Israel zu weiden, und gesagt: Warum baut ihr mir nicht ein Zedernhaus?
>
> [8] Darum sollst du nun so zu meinem Knechte David sagen: So spricht JHWH Zebaoth: Ich habe dich genommen von den Schafhürden, damit du Fürst über mein Volk Israel sein sollst, [...]. [12] Wenn nun deine Zeit um ist und du dich zu deinen Vätern schlafen legst, will ich dir einen Nachkommen erwecken, der von deinem Leibe kommen wird; dem will ich sein Königtum bestätigen. [13] Der soll meinem Namen ein Haus bauen, und ich will seinen Königsthron bestätigen ewiglich.« (2 Sam 7,4-8. 12-13)

---

[10] Das viel diskutierte Kapitel 2 Sam 7 verdankt sich ganz offensichtlich einem mehrstufigen Wachstumsprozess. Dabei gehört das Tempelbaumotiv nicht zur ältesten Grundschicht, sondern stellt eher eine spätere Reflexion der Erzähler Israels über die Frage dar, warum nicht bereits David, der Eroberer Jerusalems, sondern erst Salomo zum Tempelbauer wurde. Vgl. zu den Wachstumsstufen des Kapitels *W. Dietrich*, David. Der Herrscher mit der Harfe, BG 14, Leipzig 2006, 52-56.

Der Text ist eindeutig. Nach dem Erzähler verwehrte JHWH selbst es David, ihm einen Tempel in Jerusalem zu bauen. Und das mit dem Hinweis, dass er ein solches Haus bisher nicht nötig hatte, sondern als mobile Gottheit in einem Zelt mit seinem Volk umhergezogen sei. JHWH, der Gott Israels, wird uns, wenn es um seine Wohnstatt geht, als ein ausgesprochen mobiler Gott vorgestellt, dem an der ständigen Nähe zu seinem Volk liegt. Er bindet sich vor allem an Personen und nur in zweiter Linie an Orte. Nicht David soll ihm ein Haus bauen, sondern Gott wird David ein Haus in Gestalt einer ewigen Dynastie bauen. Erst Salomo, der Sohn Davids wird dann die Erlaubnis zum Bau eines Tempels erhalten. Spätere Erzähler Israels haben sich natürlich Gedanken darüber gemacht, warum es David untersagt wurde, einen Tempel zu bauen. In den Chronikbüchern, die Jahrhunderte später in hellenistischer Zeit entstanden sind, wird erzählt, wie David am Ende seines Lebens Salomo, seinen Sohn, zu sich ruft und ihm mitteilt:

> »[7]Mein Sohn, es lag mir am Herzen, dem Namen JHWHs, meines Gottes, ein Haus zu bauen, [8]aber das Wort JHWHs erging an mich: Du hast viel Blut vergossen und große Kriege geführt; du wirst meinem Namen kein Haus bauen, denn du hast vor mir viel Blut auf die Erde fließen lassen«. (1 Chr 22,7-8)

Nach der Auffassung der chronistischen Theologen war offensichtlich ein König, der viele Kriege zu führen hatte und viel Blut vergoss, nicht dazu geeignet, einen Tempel zu errichten. Das mag zunächst einen ganz pragmatischen Grund gehabt haben. In Kriegszeiten, die David durchzufechten hatte, gab es weder die Zeit noch die Ressourcen an Menschen und Material, die zum Bau eines Tempels notwendig waren. Der doppelte Hinweis auf die blutigen Hände Davids hatte aber auch einen ethisch-moralischen Beigeschmack. Mit Blut an den Händen ließ sich kein heiliger Bau ins Werk setzen. Deswegen blieb der

Tempelbau in Jerusalem dem Friedenskönig Salomo vorbehalten.[11]

Und dieser Salomo errichtete dann nach 1 Kön 6-8 einen Tempelkomplex, der in vielen Details dem Typ des syrischen Langhaustempels entsprach.[12] Zu ihm gehörten mehrere Vorhöfe mit einem großen Brandopferaltar, dem Ehernen Meer, den Säulen Jachin und Boaz und dem eigentlichen Tempelgebäude, das dreigeteilt war und aus einer Vorhalle (*ulam*), der eigentlichen Haupthalle (*hechal*) sowie dem heiligen Schrein (*d^{e}bir*), dem Allerheiligsten (*qodäsch haqq^{o}daschim*), gleichsam dem Privatgemach JHWHs bestand. Was also den Bau und die Ausstattung des Tempels Salomos als Wohnstatt JHWHs angeht, so lassen sich viele Gemeinsamkeiten mit der altorientalischen Tempelbautheologie ausmachen.[13]

An einer Frage aber begannen sich die Geister zu unterscheiden. Wie nahm JHWH in seinem Tempel Wohnung, auch in Gestalt eines Götterbildes? Über diese Frage streiten sich die Gelehrten gerade in den letzten Jahren wieder heftig. Viele Exegeten vertreten die Auffassung, dass JHWH von allem Anfang an anikonisch, also nicht in einem Kultbild verehrt wurde, das im Allerheiligsten Aufstellung fand, sondern dass dort lediglich sein leerer Cherubenthron über

---

[11] Siehe dazu *S. Japhet*, 1 Chronik, HThAT, Freiburg/Basel/Wien 2002, 362f.

[12] Zum Tempelbaubericht Salomos allgemein siehe *A. Kunz-Lübcke*, Salomo. Von der Weisheit eines Frauenliebhabers, BG 8, Leipzig 2004, 186-205. Zum Typ des syrischen Langhaustempels, der in der Mittelbronzezeit auch in Palästina Eingang fand, vgl. *H. Weippert*, Palästina in vorhellenistischer Zeit, Handbuch der Archäologie II/1, München 1988, 238f.

[13] Siehe dazu *W. Zwickel*, Der Salomonische Tempel, Mainz 1999. Und vor allem *B. Janowski*, Der Ort des Lebens. Zur Kultsymbolik des Jerusalemer Tempels, in: *J. Kamlah* (Ed.), Temple Building and Temple Cult. Architecture and Cultic Paraphernalia of Temples in the Levant (2.-1. Mill. B.C.E.), ADPV 41, Wiesbaden 2012, 369-397.

der Bundeslade stand.[14] Andere sind fest davon überzeugt, dass auf dem Thron ursprünglich auch eine JHWH-Figur saß, die erst später durch die Reformmaßnahmen des Königs Josia am Ende der Königszeit (7. Jh. v. Chr.) daraus entfernt wurde oder gar erst mit der Zerstörung des Tempels durch die Babylonier verloren ging.[15] Denn dass man in Israel ursprünglich auch JHWH-Bilder anfertigte und verehrte, das geht z. B. recht deutlich aus der Erzählung über den Efraimiten Micha in Ri 17 hervor, der ein solches JHWH-Bild für seine Privatkapelle herstellen ließ. Und ein Bilderverbot, wie wir es aus dem Dekalog kennen (Ex 20,4/Dtn 5,8) macht ja im Grunde auch nur dann Sinn, wenn es das, was da verboten wurde, auch wirklich gab. Auf welche Seite der Forschung man sich in dieser Frage auch schlägt, eines bleibt sicher, letztlich setzte sich in Israel die Auffassung von der Bildlosigkeit JHWHs durch. Kein visuell sichtbarer Gegenstand dieser Welt, und schon gar nicht ein von Menschenhand angefertigtes Kultbild, taugte als irdischer Leib und Wohnung JHWHs. Der Gott Israels sollte prinzipiell unsichtbar bleiben.[16] Wie aber stellte man sich dann seine Gegenwart und Nähe im Tempel vor, wenn er nicht in der Gestalt seines Kultbildes in ihm wohnte. Dieses Problem haben die Priester und Propheten durch unterschiedliche theologische Konzepte gelöst, von denen hier nur die beiden wichtigsten erwähnt werden sollen:

---

[14] So u. a. *O. Keel*, Die Geschichte Jerusalems und die Entstehung des Monotheismus, OLB 4/1, Göttingen 2007, 216f., 306f. Ders., Warum im Jerusalemer Tempel kein anthropomorphes Kultbild gestanden haben dürfte, in: *G. Boehm* (Hg.), Homo pictor (Colloquium Rauricum 7), Leipzig 2001, 244-282.

[15] Diese Sicht der Dinge vertritt zuletzt mit Vehemenz *M. Köckert*, Vom Kultbild Jahwes zum Bilderverbot. Oder: Vom Nutzen der Religionsgeschichte für die Theologie, ZThK 106, 2009, 371-406.

[16] Vgl. zur Problematik insgesamt *R. Lux*, Das Bild Gottes und die Götterbilder im Alten Testament, ZThK 110, 2013, 133-157.

a) An die Stelle des *Gottesbildes* tritt im Tempel von Jerusalem der *Name* JHWH. Bereits in 2 Sam 7 ist ja nicht davon die Rede, dass JHWH dort in der Gestalt eines Kultbildes wohnen möchte. Vielmehr heißt es da von Salomo:

> »Der soll *meinem Namen* ein Haus bauen…« (2 Sam 7,13).

Der heilige Gottesname JHWH vertritt Gott selbst. Wo er ausgesprochen wird, da wohnt Gott. Deswegen ist dieser Name auch besonders schutzbedürftig, und es wird vor jedem Missbrauch gewarnt (Ex 20,7/Dtn 5,11).[17] Wer den Namen Gottes verletzt und missbraucht, der verletzt damit auch den Ort, an dem er wohnt. Mit dieser Auffassung erweist sich der Erzähler von 2 Sam 7 als ein Schüler der Väter des Deuteronomiums, denen wir den theologischen Entwurf des deuteronomischen Gesetzes (Dtn 12-26) verdanken. Dort wird Israel im sogenannten Hauptgebot darauf eingeschworen, JHWH künftig, wenn es im Land der Verheißung angekommen ist, nur an einem einzigen Ort kultisch zu verehren, nämlich im Tempel von Jerusalem. Zwar wird dieser dort noch nicht genannt, weil er ja dem Erzählzusammenhang nach noch gar nicht gebaut ist, aber für die Schreiber des Deuteronomiums am Ende der judäischen Königszeit gab es keinen anderen legitimen Ort der JHWH-Verehrung als diesen. Daher gebieten sie dem Gottesvolk:

> »1 Dies sind die Gebote und Rechte, die ihr halten sollt, dass ihr danach tut im Lande, das JHWH, der Gott deiner Väter, dir gegeben hat, es einzunehmen, solange du im Lande lebst:
> 2 Zerstört alle heiligen Stätten, wo die Heiden, die ihr vertreiben werdet, ihren Göttern gedient haben, es sei auf hohen Bergen, auf Hügeln oder unter grünen Bäumen, 3 und reißt um ihre Altäre und zerbrecht ihre Steinmale und verbrennt mit Feuer ihre heiligen Pfähle, zerschlagt die Bilder ihrer Götzen und vertilgt ihren Namen von jener Stätte.

[17] Zum Verbot des Namensmissbrauches siehe *M. Köckert*, Die Zehn Gebote, München 2007, 79ff.

[4]Ihr sollt JHWH, eurem Gott, so nicht dienen, [5]sondern an dem Ort (*maqom*), den JHWH, euer Gott, erwählen wird aus allen euren Stämmen, dass er *seinen Namen daselbst wohnen lässt*, sollt ihr ihn aufsuchen und dahin kommen.« (Dtn 12,1-5)

Der Erzähler von 2 Sam 7 erweist sich damit als treuer Anhänger der Tora des Mose, der – so die Verfasser des 5. Buches Mose – schon jenseits des verheißenen Landes geboten hat, JHWH nur an seinem einzig legitimen Heiligtum in Jerusalem zu verehren, in dem er in der Gestalt seines Namens wohnt.[18]

b) Ein zweites Konzept für die Art und Weise, in der JHWH im Tempel zu Jerusalem wohnte, vertrat der aus einer Priesterfamilie stammende Exilsprophet Ezechiel. Die Gestalt, in der nach ihm JHWH im Tempel anwesend war, war der *kabod*, die *Herrlichkeit Gottes*. Ezechiel, der mit der Gruppe der ersten Verbannten 597 v. Chr. mit ins babylonische Exil verschleppt worden war, wurde in einer nächtlichen Traumvision nach Jerusalem entführt und sieht dort als Unheilsbotschaft für die Abgötterei seines Volkes das Ende des Jerusalemer Tempels voraus. Das wird dadurch eingeläutet, dass JHWH in der Gestalt seiner *Herrlichkeit* bzw. seines *Lichtglanzes* den Tempel auf einem von Cheruben bewegten Thronwagen verlässt und diesen damit der Zerstörung preisgibt. Da heißt es in Kap 10 und 11:

»10 [4]Und die Herrlichkeit (*kabod*) JHWHs erhob sich von dem Cherub zur Schwelle des Hauses, und das Haus wurde erfüllt mit der Wolke und der Vorhof mit dem Glanz der Herrlichkeit JHWHs. [...]
[18]Und die Herrlichkeit JHWHs ging wieder hinaus von der Schwelle des Tempels und stellte sich über die Cherubim. [19]Da schwangen die Cherubim ihre Flügel und erhoben sich von der Erde vor meinen Augen, und als sie hinausgingen, gingen die Räder mit. Und sie traten in den Eingang des östlichen Tores am Hause JHWHs, und die Herrlichkeit des Gottes Israels war oben über ihnen. [...]

---

[18] Vgl. dazu *W. Dietrich*, David. Der Herrscher mit der Harfe, BG 14, Leipzig 2006, 52ff.

11 [22]Da schwangen die Cherubim ihre Flügel, und die Räder gingen mit, und die Herrlichkeit des Gottes Israels war oben über ihnen.
[23]Und die Herrlichkeit JHWHs erhob sich aus der Stadt und stellte sich auf den Berg, der im Osten vor der Stadt liegt.«
(Ez 10,4.18; 11,22-23)

JHWH verlässt also auf einem von fliegenden Cheruben geführten Thronwagen in der Gestalt seiner Herrlichkeit seine irdische Wohnung. Er geht über die Schwelle des Tempels hinaus, durchschreitet die Vorhöfe in Richtung Osten und lässt sich schließlich östlich vom Zion auf dem Ölberg außerhalb der Stadt nieder. Wahrscheinlich steht dahinter die Vorstellung, dass er mit oder zu den Verbannten nach Osten ins babylonische Exil zieht.[19]

Das Konzept von der Herrlichkeit Gottes, seinem Lichtglanz, in dem er im Tempel anwesend war, knüpft wieder an altorientalische Gottesvorstellungen an. Dort waren die Götter und ihre irdischen Stellvertreter, die Könige, vom (akkad.) *pulchu melammu* umgeben, vom sogenannten *Schreckensglanz*, in dem sie ihrem Volk erschienen. Offensichtlich stellte man sich darunter ein besonders prächtiges *Lichtkleid* vor, einen *Sternenmantel*, mit dem sich z. B. Marduk, der Hauptgott des babylonischen Pantheons kleidete.[20] Noch in Psalm 104 heißt es:

»JHWH, mein Gott, du bist so groß.
In Hoheit und Pracht bist du gekleidet,
der du dich hüllst in Licht wie in einen Mantel,
der den Himmel ausspannt wie ein Zelt.« (Ps 104,1b-2)

---

[19] Zum Auszug und zur Rückkehr der Götter im Alten Orient und im Alten Testament vgl. *R. Lux*, JHWHs »Herrlichkeit« und »Geist«. Die »Rückkehr JHWHs« in den Nachtgesichten des Sacharja, in: Ders., Prophetie und Zweiter Tempel. Studien zu Haggai und Sacharja, FAT 65, Tübingen 2009, 193-222, bes. 195ff.

[20] Siehe dazu *F. Hartenstein*, JHWH und der »Schreckensglanz« Assurs (Jesaja 8,6-8). Traditions- und religionsgeschichtliche Beobachtungen zur Denkschrift Jesaja 6-8, in: Ders./J. Krispenz/A. Schart (Hg.), Schriftprophetie, FS J. Jeremias, Neukirchen-Vluyn 2004, 83-102.

Auch bei Ezechiel wird deutlich, dass JHWH nicht in der Gestalt eines Götterbildes, sondern lediglich als Lichtglanz, in der Hülle seines *kabod*, im Tempel von Jerusalem wohnte. Symbolisiert wurde dieser Lichtglanz JHWHs im Tempel höchstwahrscheinlich durch die besonders kostbaren aus Gold gefertigten Tempelleuchter, die seinen himmlischen Lichtglanz in Gestalt seiner Augen symbolisierten.[21]

Damit stellt sich die Frage, wo eigentlich die Götter blieben, wenn infolge von Krieg oder anderen Katastrophen ihre Tempel zerstört worden waren. Wurden sie damit haus- und heimatlos wie ihre Verehrer auch?

3. Der Gott Israels als Gott des Himmels

Zur bevorzugten Kriegsbeute gehörten vor allem auch die eroberten fremden Götterbilder, die die Sieger häufig im Triumphzug als Trophäen mit sich nach Hause führten. Sie ließen nach dem militärischen Erfolg über die Feinde auch den religiös-symbolischen Triumph über deren Götter vor aller Augen sichtbar werden. Die Priester der altorientalischen Tempel sahen wie auch der Prophet Ezechiel in solchen Vorgängen ebenso eine Strafe, die ihre Götter über sie verhängt hatten. Denn – so ihre Vermutung – die Götter hatten im Zorn über ihre Anhänger ihre irdischen Götterbilder und ihre Tempelwohnungen verlassen, um sich in ihre himmlischen Gemächer zurückzuziehen.[22] Was also die Sieger als Beute mit sich führten, das waren nicht die gefangenen Götter selbst, sondern lediglich deren irdische Hüllen, die toten, leblosen, verlassenen Bilder. So berichtet

---

[21] Vgl. *O. Keel*, Jahwe-Visionen und Siegelkunst. Eine Deutung der Majestätsschilderungen in Jes 6, Ez 1 und 10 und Sach 4, SBS 84/85, Stuttgart 1977, 274-327, und *R. Lux*, Himmelsleuchter und Tempel. Beobachtungen zu Sacharja 4 im Kontext der Nachtgesichte, in: Ders., Prophetie und Zweiter Tempel. Studien zu Haggai und Sacharja, FAT 65, Tübingen 2009, 144-164.

[22] Vgl. dazu *R. Lux*, JHWHs »Herrlichkeit« und »Geist« (Anm. 19), 195ff.

z. B. eine Tempelbauinschrift des assyrischen Königs Assarhadon, dass die Götter von Babel wegen sozialer Missstände in der Stadt und weil man sich am Tempelschatz vergriffen hatte, ergrimmt waren über ihre Bewohner:

> »Da egrimmte Enlil (Herr) der Götter, Marduk; um das Land niederzuwerfen und seine Bewohnerschaft zu verderben, sann er Böses. [...] Im Himmel und auf Erden gab es immer wieder böse ›Kräfte‹; es schwand nämlich die ›Symmetrie‹. Die Wege der Sterne von Enlil, Anu und Ea verschlechterten ihre Stellung und zeigten Unheil verkündende Vorzeichen. [...] Die Stadt, ihre Wohnstätte und Kulträume überschwemmte er und machte sie zur Wüstenei. [...] Die Götter und Göttinnen, die darin wohnten, flogen fort wie die Vögel und stiegen zum Himmel empor. Die Leute, die dort wohnten, flohen nach einem andern Orte und flüchteten in ein unbekanntes Land. [...] Obgleich er 70 Jahre als die Frist seiner Entvölkerung (auf die Schicksalstafeln) geschrieben hatte, hat der barmherzige Marduk, nachdem sein Herz alsbald zur Ruhe gekommen war, die Ziffern vertauscht und seine Wiederbebauung im 11. Jahr befohlen.«[23]

Der Text ist in vielerlei Hinsicht von großem Interesse: 1. So wie der Gott Israels, JHWH, im Ezechielbuch aus Zorn über das Fehlverhalten seines eigenen Volkes seinen Tempel verlässt und damit der Zerstörung preisgibt, so auch die Götter Babels. 2. So wie JHWH nach der Zerstörung Jerusalems und seines Tempels immer häufiger als »Gott des Himmels« angerufen wird (z. B. Esra 1,2; 5,11.12; Dan 2,18.19.37.44; Jona 1,9 u. ö.),[24] der sich aus seinem irdischen Tempel in sein himmlisches Heiligtum zurückgezogen hat, so auch die Götter Babels. 3. So wie nach den Propheten Jeremia, Sacharja und Daniel JHWH für die zerstörte Stadt und den Tempel von Jerusalem eine Straffrist

---

[23] Übersetzung nach *R. Borger*, Die Inschriften Asarhaddons, Königs von Assyrien, AfO Beiheft 9, Graz 1956, 13-15.

[24] Vgl. *K. Schmid*, Himmelsgott, Weltgott und Schöpfer. »Gott« und »Himmel« in der Literatur der Zeit des Zweiten Tempels, JBTh 10, 2005, 111-148.

von 70 Jahren festgesetzt hat (Jer 25,11; 29,10; Sach 1,12; 7,5; Dan 9,2.24), so auch der Gott Marduk.[25] 4. So wie Israel auf die Barmherzigkeit Gottes nach Ablauf dieser Straffrist hoffen durfte, so auch die Einwohner von Babel, die sogar durch ein schlichtes Zahlenspiel bereits nach 11 Jahren von Marduk begnadigt wurden, der ihnen in seiner großen Barmherzigkeit 59 Jahre der ursprünglich 70-jährigen Straffrist erließ.[26]

Aus alledem lässt sich entnehmen, dass die Vorstellung von der Wohnung Gottes bzw. der Götter im Himmel vor allem in Krisen- und Notzeiten immer wieder zu neuem Leben erwachte. Der Gott, dessen Nähe und Gegenwart man im Tempel erfuhr, war in der Not vom nahen zum fernen Gott geworden. Daher häufen sich auch in solchen Zeiten Gebete, in denen die Gläubigen zu dem fernen Gott flehen, er möge sie doch nicht vergessen, sich ihrer erinnern und vom Himmel auf sie herab blicken:[27]

> »Sieh nun herab von deiner heiligen Wohnung, vom Himmel,
> und segne dein Volk Israel und das Land, das du uns gegeben hast,
> wie du unseren Vätern geschworen hast,
> ein Land, darin Milch und Honig fließen.« (Dtn 26,15)

> »So schau nun vom Himmel
> und sieh herab von deiner heiligen, herrlichen Wohnung!
> Wo ist nun dein Eifer und deine Macht?
> Deine große, herzliche Barmherzigkeit hält sich hart gegen mich.« (Jes 63,15)

---

[25] Siehe dazu *R. Borger*, Die Inschriften Asarhaddons (Anm. 23), 13f., 15.

[26] Vgl. *M. Albani*, Die 70-Jahr-Dauer des Babylonischen Exils (Jer 25,22f.; 29,10) und die Babyloninschrift Asarhaddons, MuB 17, Leipzig, 1999, 4-20.

[27] Siehe dazu *B. Ego*, »Der Herr blickt herab von der Höhe seines Heiligtums«. Zur Vorstellung von Gottes himmlischem Thronen in exilisch-nachexilischer Zeit, ZAW 110, 1998, 556-569.

»JHWH schaut vom Himmel auf die Menschenkinder,
dass er sehe, ob jemand klug sei und nach Gott frage.
Aber sie sind alle abgewichen und allesamt verdorben,
da ist keiner, der Gutes tut, auch nicht einer.« (Ps 14,2-3)

»Gott, Zebaot, wende dich doch!
Schaue vom Himmel und sieh darein,
nimm dich deines Weinstocks (Israel) an.« (Ps 80,15)

Neben dem Wissen, dass der Gott Israels auch einen himmlischen Wohnsitz hatte, in dem man ihn vor allem in Notzeiten suchte, damit er auch aus der Ferne ein Auge auf sein Volk habe, es segne und ihm barmherzig sei, kommt aber noch ein zweiter Aspekt hinzu: Das war das Wissen darum, dass im Grunde kein irdisches Haus groß genug sei, um den in seiner Größe und Macht unendlichen Gott zu fassen. Daher haben die Autoren der Königebücher dem König Salomo bereits anlässlich der Tempelweihe des prächtigen Jerusalemer Tempels ein Gebet sprechen lassen, das jedermann vor Augen führt, wie unzureichend letztlich jedes irdische Haus für den Herrn der Geschichte und den Schöpfer der Welt sein muss:

»[22] Und Salomo trat vor den Altar JHWHs angesichts der ganzen Gemeinde Israel und breitete seine Hände aus gen Himmel [23] und sprach: JHWH, Gott Israels, es ist kein Gott weder droben im Himmel noch unten auf Erden dir gleich, der du hältst den Bund und die Barmherzigkeit deinen Knechten, die vor dir wandeln von ganzem Herzen; [...] [26] Nun, Gott Israels, lass dein Wort wahr werden, das du deinem Knecht, meinem Vater David, zugesagt hast.

[27] Aber – sollte Gott wirklich auf Erden wohnen? Siehe, der Himmel und aller Himmel Himmel können dich nicht fassen – wie sollte es dann dies Haus tun, das ich gebaut habe? [28] Wende dich aber zum Gebet deines Knechts und zu seinem Flehen, JHWH, mein Gott, damit du hörest das Flehen und Gebet deines Knechts heute vor dir: [29] Lass deine Augen offenstehen über diesem Hause Nacht und Tag, über der Stätte, von der du gesagt hast: *Da soll mein Name sein. Du wollest hören das Gebet*, das dein Knecht an dieser Stätte betet, [30] und wollest erhören

das Flehen deines Knechts und deines Volkes Israel, wenn sie hier bitten werden an dieser Stätte; und wenn du es hörst in deiner Wohnung, im Himmel, wollest du gnädig sein.«

(1. Kön 8,22-23.26-30)

Was in diesem deuteronomistischen Tempelweihgebet[28] geschieht, das ist überaus bemerkenswert. Es ist die Geburtsstunde einer neuen Tempeltheologie. Jetzt ist der Tempel nicht mehr vorrangig eine Götterwohnung, ein Ort, an dem man JHWH Opfer darbringt, jetzt ist er vor allem eines, nämlich das Gebetshaus des Volkes. Der Gott Israels, den selbst der Himmel nicht fassen kann in seiner Größe, wird darum gebeten, künftig aus der Ferne vom Himmel herab ein Augenmerk auf dieses irdische Gebetshaus zu haben und die dort gesprochenen Bitten zu erhören. Diese Einsicht hatte sich in Israel bereits seit Längerem angebahnt. So wird schon in der berühmten Berufungsvision des Propheten Jesaja aus dem 8. Jh. v. Chr. in Jes 6,1 berichtet, dass der Prophet im Jerusalemer Tempel JHWH auf einem hohen und erhabenen Thron sitzen sah, wobei lediglich sein unterster Gewandsaum den Tempel erfüllt habe. Auch nach dieser prophetischen Vision war der Tempel von Jerusalem allenfalls der Fußschemel des weit über diesen Bau hinausreichenden, thronenden Gottes JHWH und konnte diesen in seiner jede irdische Dimension sprengenden Größe nicht fassen.

So verbinden sich mit der Vorstellung vom Wohnen des Gottes Israels im Himmel ganz unterschiedliche Erfahrungen, die das Gottesvolk in seiner Glaubensgeschichte gemacht hat. Da wäre einmal der Aspekt vom Rückzug des strafenden Gottes aus seiner irdischen Wohnstatt in den Himmel, der im Zorn über das Fehlverhalten seiner Anhänger diese verlassen und seine irdische Wohnung preis-

[28] Vgl. die Kommentare von *M. Noth*, Könige I, BK IX/1, Neukirchen-Vluyn 1968, 184f. und *E. Würthwein*, Die Bücher der Könige. 1 Könige 1-16, ATD 11/1, Göttingen 1985, 97.

gegeben hat. Auf diese Weise wurde der nahe zum fernen Gott. Aber dieses Wissen um den strafenden, fernen Gott blieb nicht ohne die Hoffnung auf seine barmherzige Rückkehr zu seinem Volk. So schaut der Prophet Ezechiel in den gewaltigen Schlussvisionen über den Wiederaufbau des Jerusalemer Tempels in der künftigen Heilszeit auch die Rückkehr des *kabod* JHWHs in den neuen Tempel (Ez 43), der dort zu Beginn des Exils ausgezogen war (Ez 10).[29] Das Kapitel vom Wohnen Gottes im irdischen Tempel war also für Israel mit dessen Zerstörung und dem Rückzug Gottes in den Himmel nicht ein für allemal erledigt.

Zum anderen wuchs mit den zunehmenden geschichtlichen Erfahrungen die Einsicht, dass es ohnehin kein irdisches Haus geben könne, das ausreichend Raum bietet, um den Schöpfer und den Herrn der Geschichte in seiner Größe zu fassen, ja, dass selbst die Himmel noch zu klein dazu sind. Diese Einsicht führte zur Wandlung des Verständnisses vom Tempel. Er war jetzt nicht mehr in erster Linie die Wohnung Gottes, sondern die Gebetsstätte der Menschen, an der sie den himmlischen Gott baten, Augen- und Ohrenkontakt zu ihnen zu halten.

4. Gott inmitten seines Volkes

Dass sich der im Tempel wohnende Gott JHWH mit der Zerstörung des Tempels 587 v. Chr. – ganz vergleichbar den anderen altorientalischen Göttern – von seinem Volk entfernte und in seinen himmlischen Wohnsitz zurückgezogen habe, das war allerdings nur *eine* Vorstellung, mit der dieses Volk versuchte, die Katastrophe des Exils im Glauben zu bewältigen. Es gab noch eine *andere* Vorstel-

[29] Zur Auszug-Rückkehr-Konzeption bei Ezechiel siehe *M. Konkel*, Die zweite Tempelvision Ezechiels (Ez 40-48. Dimensionen eines Entwurfs, in: *O. Keel/E. Zenger* (Hg.), Gottesstadt und Gottesgarten. Zur Geschichte und Theologie des Jerusalemer Tempels, QD 191, Freiburg/Basel/Wien 2002, 154-179.

lung, nach der sich JHWH gerade nicht vom Elend seines Volkes zurückzog, sondern mit ihm dieses Elend teilte. Diese Vorstellung hat alttestamentliche Wurzeln, die noch eng mit der Tempeltheologie verbunden sind, aber diese Tempeltheologie dynamisieren. Es ist die Vorstellung von der *Sch^echina*, der *Einwohnung* Gottes in der Welt und besonders in seinem Volk. Der Begriff *Schechina* ist von dem hebräischen Verb *schachan*, »wohnen«, abgeleitet. Im Alten Testament selbst kommt er nicht vor, sondern erst in der rabbinischen Literatur. Er bezeichnet eine besondere Gestalt JHWHs, nämlich diejenige Gestalt, in der er sich in einem Ort, einer Person oder auch in seinem Volk einwohnt. Die *Schechina* wird damit zum Ausdruck für die Gegenwart des unsichtbaren Gottes in der Welt. Er kann an jedem Ort und in jedem Menschen Wohnung nehmen. Er ist weder an den Tempel noch an den Himmel gebunden.

Die Wurzeln dieser Vorstellung liegen im Alten Testament.[30] Es waren Priester, die in das babylonische Exil verschleppt worden waren, die in der sogenannten Priesterschrift plötzlich davon redeten, dass JHWH *»inmitten seines Volkes wohnen«* wolle. So heißt es im 2. Buch Mose im Zusammenhang mit dem Bau der Stiftshütte:

> »Ich will unter den Israeliten wohnen und ihr Gott sein, dass sie erkennen, ich sei JHWH, ihr Gott, der sie aus Ägyptenland führte, *damit ich unter ihnen wohne*, ich, JHWH, ihr Gott.« (Ex 29,45-46)

Liest man den gesamten Zusammenhang vom Bau der Stiftshütte, dann wird deutlich, dass die priesterlichen Verfasser dieses Textes nicht davon ausgehen, dass Gott im Heiligen Zelt wohnt, sondern sie betonen ausdrücklich, dass er *in der Mitte seines Volkes* wohnen will. Die Stifts-

[30] Vgl. dazu jetzt die Beiträge in dem Band von *B. Janowski/E. A. Popkes* (Hg.), Das Geheimnis der Gegenwart Gottes. Zur Schechina-Vorstellung in Judentum und Christentum, WUNT 318, Tübingen 2014.

hütte, das Heilige Zelt, ist ein Zelt der kultischen *Begegnung*, aber nicht mehr die eigentliche und dauerhafte Wohnstätte Gottes. Zur Wohnung Gottes hat JHWH sich sein Volk Israel erwählt. Diese Zusage stammt von Priestern im Exil. Sie waren zu der Einsicht gekommen, dass für das Wohnen Gottes nicht ein irdisches Gebäude ausschlaggebend ist, sondern dass die Menschen selbst es sind, unter denen JHWH Wohnung nimmt, mit denen er unterwegs ist, so wie einst beim Auszug aus Ägypten, so auch im babylonischen Exil. Gott im Volk und in der Gemeinde der Gläubigen, die die eigentliche Wohnung Gottes, der Ort seiner *Sch^{e}china* sind. Damit stehen wir bereits am Ausgang des Alten Testaments. Am Ausgang und Übergang nicht nur in das rabbinische Judentum, sondern auch in das Neue Testament, das diesen Gedanken der verbannten Priester aufgegriffen und weitergeführt hat, wenn es etwa in Lk 17,20 heißt:

> »Denn siehe, das Reich Gottes ist mitten unter euch.«

Oder wenn der Apostel Paulus an die Gemeinde von Korinth schreibt:

> »Was hat der Tempel Gottes gemein mit den Götzen? Wir aber sind der Tempel des lebendigen Gottes; wie denn Gott spricht (Lev 26,11-12; Ez 37,27): Ich will unter ihnen wohnen und wandeln und will ihr Gott sein, und sie sollen mein Volk sein.« (2. Kor 6,16)

Oder wenn es schließlich im Johannesevangelium heißt:

> »Im Anfang war das Wort, und das Wort war bei Gott, und Gott war das Wort. [...] Und das Wort ward Fleisch und wohnte unter uns und wir sahen seine Herrlichkeit als des eingeborenen Sohnes vom Vater voller Gnade und Wahrheit.« (Joh 1,1.14)

Auch die Offenbarung des Johannes bezieht sich in bewusster Anspielung auf den Text aus dem zweiten Buch Mose:

»Und ich hörte eine große Stimme von dem Thron her, die sprach: Siehe da, die Hütte Gottes bei den Menschen! Und er wird bei ihnen wohnen, und sie werden sein Volk sein, und er selbst, Gott mit ihnen, wird ihr Gott sein.« (Offb 21,3)

Im Mund all dieser neutestamentlichen Zeugen klingt das Glaubenszeugnis des Volkes Israel an, das dieses Volk in einer langen Geschichte und einem langen Nachdenken über das Wohnen Gottes im Tempel, im Himmel und in seinem Volk bewahrt hat. Ein Glaubenzeugnis, in dem es letztlich um die Frage nach der Nähe und der Ferne Gottes geht, um seinen Ort in der Welt und unter den Menschen.

Am Ende kehren wir zurück zu den Chassidim, den frommen Juden Osteuropas des 17. und 18. Jh., die sich wie wenige ausgestreckt haben nach dem Gott Israels:

»Als Rabbi Jizchak Meir ein kleiner Junge war, brachte ihn seine Mutter einmal zum Maggid von Kosnitz. Da fragte ihn jemand: ›Jizchak Meir, ich gebe dir einen Gulden, wenn du mir sagst, wo Gott wohnt.‹ Er antwortete: ›Und ich gebe dir zwei Gulden, wenn du mir sagst, wo er nicht wohnt.‹«[31]

[31] *M. Buber*, Werke II, München 1964, 695.

Das Eigentliche ist unsichtbar

Vom Bilderverbot Israels und den Bildern des Glaubens*

1. Totenbilder – tote Bilder?

In seinen »Römischen Briefen« (1864–1869) berichtete der preußische Sekretär beim damaligen Gesandten am Heiligen Stuhl, *Kurd von Schlözer* (1822–1894) folgende Anekdote:

> »Als Michelangelo vor dem fertigen Werke (seinem Mose, ›dem höchsten Meisterwerk der Plastik seit den Hellenen‹) stand, versank er in tiefes Nachdenken, und je länger er Mose ansah, um so mehr fühlte er sich überwältigt. Er hatte vergessen, daß er selbst das Bild geschaffen. Der Marmor belebte sich vor seinen Augen; immer mehr verfiel er in den Wahn, daß er vor einem menschlichen Wesen stehe. Aber es redete nicht, sondern sah ihn stumm an. Da versetzte Michelangelo ergrimmt über das Schweigen mit dem Hammer dem Mose einen Schlag aufs Knie und rief dabei: Perche non parli? Warum sprichst du nicht? – Auf dem rechten Knie des Mose ist wirklich ein alter, vergilbter Riß.«[1]

Damit ist im Grunde alles über die Macht und die Ohnmacht der Bilder gesagt; über ihre Suggestionskraft, die Bilder als *fascinosum*, sowie über das Erschreckende, das ihnen eignet, die Bilder als *tremendum*; alles über die Hoffnungen, die in sie gesetzt werden, sowie über die Enttäuschungen, die sie mit sich bringen; über ihre Sprachmächtigkeit und ihr Schweigen, ihr Leben und ihren Tod. Und wenn es Bilder gibt, die vor allem in diese Doppelgesichtigkeit verstrickt sind, dann sind es die Gottesbilder des Menschen.

Der vergilbte Riss auf dem rechten Knie des Mose könnte sinnbildlich für den Riss stehen, der sich seit tausenden

---

* Vortrag auf der Tagung »Unsere Gottesbilder« des Pastoralkollegs in Meißen im Mai 2014.

[1] *B. Jacob*, Das Buch Exodus, Stuttgart 1997, 560.

von Jahren durch das Ringen des Menschen mit seinen Gottesbildern zieht. Kann es überhaupt ein echtes Bild geben, und dazu noch ein echtes Bild Gottes? Ja, was ist das eigentlich, ein echtes Bild, und was wären unechte Bilder? *Hans Belting* ist in seinen Büchern »Bild und Kult« sowie »Das echte Bild« mit dem Untertitel »Bildfragen als Glaubensfragen« dieser Thematik nachgegangen.[2]

Woher kommt diese eigentümliche Affinität zwischen Bild und Kult, woher diese menschliche Leidenschaft des Bildermachens auch und gerade von den göttlichen Dingen? Woher dieser Zwang, das Unsichtbare und den Unsichtbaren ins Sichtbare zu bannen und zu verehren? Und woher die Heftigkeit in den biblischen Zeugnissen Israels, dem Bilderkult einen Riegel vorzuschieben? Der Kampf zwischen Idolatrie und Ikonoklasmus brach an wichtigen Weichenstellungen der Geschichte des Judentums und der Christenheit immer wieder aufs Neue aus. Man denke nur an den byzantinischen Bilderstreit im 8./9. Jh.[3] oder an die Auseinandersetzungen um die Bilderstürmerei sowie den pädagogischen Wert oder Unwert von religiösen Bildern zwischen Lutheranern und Reformierten im 16. Jh.[4] Und er kommt nicht zur Ruhe, wenn man die Konflikte militanter Muslime mit der Bildkultur der westlichen Moderne bedenkt, einer Moderne, die auch das kritisch-provozierend ins Bild setzt, was ihnen heilig ist. Man erinnere sich nur an den Streit über die Mohammed-Karikaturen oder an die – teilweise mit Fäusten ausgetragenen – Proteste russisch-

---

[2] *H. Belting*, Bild und Kult. Eine Geschichte des Bildes vor dem Zeitalter der Kunst, München 52000. Ders., Das echte Bild. Bildfragen als Glaubensfragen, München 2005.

[3] Vgl. *H. Belting*, Bild und Kult (Anm. 2), 164ff.

[4] *H. Belting*, Bild und Kult (Anm. 2), 510ff. und *I. Dingel*, »Daß wir Gott in keiner Weise verbilden.« Die Bilderfrage zwischen Calvinismus und Luthertum, in: *A. Wagner/V. Hörner/G. Geistbardt* (Hg.), Gott im Wort – Gott im Bild. Bilderlosigkeit als Bedingung des Monotheismus, Neukirchen-Vluyn 2005, 97-111.

orthodoxer Christen gegen Ausstellungen moderner Kunst in Moskau, die mit den Tabus orthodoxer Tradition und Bilderfrömmigkeit radikal gebrochen hatten. Woher also dieser Kampf um die Bilder?

Seitdem man in der Frühzeit der Menschheit damit begonnen hat, Bilder in Höhlenwände und Felsen einzuritzen, dienten diese Bilder nie allein der Abbildung der Welt. Sie gingen nie darin auf, lediglich ein *decorum* zu sein, Schmuck einer schmucklosen Lebenswelt. Der Ursprung der Bilder liegt im Kultischen und im Tod verborgen. Man kann sich das an den neolithischen Totenmasken aus Jericho deutlich machen, die dem Ahnenkult dienten. Der Tod, das ist die Urerfahrung der Abwesenheit des ehemals leiblich anwesenden Menschen. Das Bedürfnis, dem körperlich abwesenden Toten im Bild einen neuen, zweiten Körper zu geben, einen Ersatzkörper, wenn auch nur symbolisch durch die Anfertigung einer Totenmaske, bringt sowohl das Spiel des Todes als auch das Spiel der Bilder auf den Punkt. *Hans Belting* schreibt dazu: Das Bild findet

> »seinen wahren Sinn darin, etwas abzubilden, was abwesend ist und also allein im Bild da sein kann. Es bringt zur Erscheinung, was nicht im Bild *ist*, sondern im Bild nur *erscheinen* kann. Das Bild eines Toten ist also keine Anomalie, sondern geradezu der Ursinn dessen, was ein Bild ohnehin ist. Der Tote ist immer schon ein Abwesender, der Tod eine unerträgliche Abwesenheit, die man mit einem Bild füllen wollte, um sie zu ertragen. […] Das Rätsel, das schon die Leiche umgibt, ist folgerichtig auch zum Rätsel des Bildes geworden: es liegt in einer paradoxen *Abwesenheit*, die ebenso aus der *Anwesenheit der Leiche* wie aus dem *anwesenden Bild* spricht. Damit eröffnet sich das Rätsel von Sein und Schein, das nie aufgehört hat, die Menschen zu erregen.«[5]

Wenn das der wahre Sinn der Bilder war, eben nicht nur *abzubilden*, sondern Abwesendes als anwesend *erschei-*

---

[5] *H. Belting*, Bild-Anthropologie. Entwürfe für eine Bildwissenschaft, München ²2002, 144 u. 146.

nen zu lassen, Unsichtbares *sichtbar* zu machen, Unverständliches – und was ist am Tod schon verständlich? – im Bild *verständlich* werden zu lassen, dann musste sich daraus fast zwangsläufig irgendwann einmal die Frage ergeben, ob die Bilder auch das leisten, was sie versprechen. Hatten und haben sie wirklich die Macht, das zu bewirken, was sie behaupten, das Abwesende gegenwärtig zu setzen und das Unsichtbare sichtbar zu machen? Trügt der schöne Schein, oder wohnt den Bildern ein eigentümliches Sein inne, eine Kraft, die nicht nur etwas zeigt, auf eine verborgene Wirklichkeit hinweist, sondern diese vergegenwärtigt und wirksam inszeniert?

Und wenn das Bild eines Toten keine Anomalie ist, sondern geradezu den Ursinn der Bilder erschließt, gilt das dann nicht umso mehr von den Gottesbildern? Ist es nicht so, dass die Urerfahrung der Abwesenheit an diesen beiden Brüdern aufbricht, am Tod und an Gott? Sind wir also nicht um des Lebens willen auf unsere Bilder von Gott angewiesen, weil wir es – ganz analog zur Abwesenheitserfahrung eines Toten – mit der Erfahrung eines abwesenden Gottes weder im Leben noch im Tode aushalten? Konzentriert sich demnach im Bild die religiöse Urfrage nach der Ab- und Anwesenheit der Götter, ihrer Ferne und ihrer Nähe?

Wenn das so ist, dann ergibt sich daraus die weitergehende Frage, woher Israel eigentlich den Mut nahm, den Götterbildern nach einer langen Zeit eigener Erfahrungen, die man mit ihnen machte, den Kampf anzusagen. Warum fühlten sich die Propheten Israels in ihrer Götzenbildpolemik immer wieder dazu genötigt, das im Götterbild in Erscheinung tretende Sein des abwesenden Gottes als schönen oder auch hässlichen Schein zu entlarven? Kam das nicht geradezu einer Entgötterung und Entsakralisierung der Welt gleich? Was sind denn die Götterbilder?

> »Sie sind ja nichts als Vogelscheuchen im Gurkenfeld. Sie können nicht reden; auch muss man sie tragen, denn sie können

nicht gehen. Darum sollt ihr euch nicht vor ihnen fürchten; denn sie können weder helfen noch Schaden tun.« (Jer 10,5)

Nicht erst Michelangelo, bereits die Propheten Israels haben den Bilderkult als schönen Schein entlarvt. Sind sie ihm damit aber gerecht geworden?

2. Gott und Bild im Alten Orient

Die Bildtheologie der altorientalischen Religionen war sehr viel differenzierter, als es uns die prophetische Götzenbildpolemik Israels glaubhaft machen will. Auch sie ging nicht von einer Identität zwischen dem Bild und dem Abgebildeten aus.[6] Vielmehr dienten auch im Alten Orient die Bilder der Repräsentation des Abwesenden. So sind bei Ausgrabungen von Tempelanlagen im Zweistromland zahlreiche Bilder als Votivgaben zum Vorschein gekommen, die vor den Götterbildern aufgestellt wurden. Immer wieder ließen Beter von sich selbst solch eine Figurine aufstellen. Das Bild des Beters übernahm während seiner leiblichen Abwesenheit im Tempel die Funktion, ihn vor der im Götterbild anwesend geglaubten Gottheit zu repräsentieren. Dabei kam es nicht in erster Linie auf Ähnlichkeit zwischen Vorbild und Abbild an als vielmehr auf die Vergegenwärtigung des physisch abwesenden Beters vor der im Götterbild als anwesend geglaubten Gottheit.

Solche Beterstatuen hatten mehrere Funktionen. Als Votivgaben brachten sie den Dank der Beter gegenüber der Gottheit für erfahrene Hilfe und Unterstützung in Gefahren zum Ausdruck und zugleich die Bitte, dass diese ihnen auch in Zukunft ihre Gunst erweisen mögen. Dabei kann man sie als regelrechte Stellvertreterfiguren betrachten, die z. B. den König dauerhaft vor der Gottheit im Tempel ver-

[6] Grundlegend dazu *A. Berlejung*, Die Theologie der Bilder. Herstellung und Einweihung von Kultbildern in Mesopotamien und die altttestamentliche Bildpolemik, OBO 162, Freiburg/Göttingen 1998.

traten und für eine ununterbrochene Anbetung der Gottheit sorgten.[7] Derartige Bilder und Statuen von Königen fanden sich natürlich nicht nur in Tempeln, sondern auch auf öffentlichen Plätzen des Reiches, auf denen sie den abwesenden König vor seinem Volk repräsentierten. So ließ der persische Reichskönig Dareios I. entsprechende Statuen von sich anfertigen und in den Verwaltungszentren seines Reiches aufstellen, um seinen Machtanspruch auch während seiner Abwesenheit vor Ort öffentlich zu demonstrieren. In Susa fand man eine solche Statue, die aus einem in Ägypten gebrochenen Stein und von ägyptischen Bildhauern angefertigt worden war und mit einer dreisprachigen Inschrift versehen wurde.

Das Bildkonzept der Beter- und Königsstatuen galt nun in gleicher Weise auch von den Gottesbildern. Auch ein *imago dei*, ein Abbild Gottes, war grundsätzlich nicht mit der Gottheit selbst identisch, es war ihr Medium, aber nicht diese selbst. Es *repräsentierte* die Gottheit und setzte sie damit als abwesende gegenwärtig. Die Götterbilder waren damit die Antwort auf die Frage: Wie und wodurch die abwesenden, unsichtbaren, fernen Götter in der nahen, irdischen, sichtbaren Welt vergegenwärtigt werden können. In diesem Zusammenhang kam es zu einer dreifachen Ausgestaltung der Bildtheologie des Alten Orients.

1. Grundsätzlich eignete sich nahezu jedes Objekt der sichtbaren Welt dazu, eine Gottheit zu repräsentieren. Die Sonne, der Mond, die Gestirne, das Meer, die Berge, Bäume, Quellen, Tiere und auch einzelne Menschen konnten von der Gottheit gleichsam als ihr sichtbarer Körper in Dienst genommen werden, um in ihrer Gestalt in Erscheinung zu treten. Der Kosmos als solcher wurde zum Bild der Götter. Die ägyptische Ikonographie hat das ihren Be-

---

[7] Siehe dazu *A. Schellenberger*, Der Mensch, das Bild Gottes? Zum Gedanken einer Sonderstellung des Menschen im Alten Testament und in weiteren altorientalischen Quellen, AThANT 101, Zürich 2011, 87.

Abb.: Die Himmelsgöttin Nut beugt sich mit ihrem Sternenleib über den Erdgott Geb. Die beiden werden vom Luftgott Schu getrennt (Quelle: *O. Keel*, Die Welt der altorientalischen Bildsymbolik und das Alte Testament, Göttingen [5]1996, 27).

trachtern in vielen Variationen immer wieder eindrucksvoll vor Augen geführt. So die Malerei auf einer Mumienkiste des Neuen Reiches (1570–1085 v. Chr.).

Der hier ins Bild gesetzte Polytheismus Ägyptens ist seinem innersten Wesen nach ein Kosmotheismus, die Welt wird zum Spiegel der Götter. Die Götter verbürgen die Stabilität und Aufrechterhaltung der kosmischen Ordnungen. Der ganze Kosmos ist vom Sein der Götter durchtränkt, die durch ihn in Erscheinung treten. Die Bildtheologie des Alten Orients ruhte auf seiner Kosmologie.

2. Die Götter wurden durch entsprechende von menschlicher Hand gefertigte Kultbilder oder Statuen repräsentiert, die in Tempeln und an Heiligtümern unter freiem Himmel ihren Ort fanden. Auch diese menschengemachten Götterbilder waren nicht identisch mit den Göttern selbst.

> »Die Statuen […] haben zwei Naturen, eine göttliche und eine materielle, die eine oberhalb, die andere unterhalb des Menschen.«[8]

[8] *J. Assmann*, Ägypten. Theologie und Frömmigkeit einer frühen Hochkultur, Stuttgart u. a. [2]1991, 51.

Die Frage, die sich daraus ergab, lautet, wie es zu der Vereinigung der göttlichen Natur mit der materiellen Natur des Götterbildes kommen konnte. Da spielt zunächst die Vorstellung eines Abstiegs (*descensio*) der himmlischen Götter in die irdische Welt eine Rolle, von ihrer Einwohnung in das materielle Kultbild. So singt man in Ägypten in einem Morgenlied von Horus, dem falkenköpfigen Himmelsgott:

> »Er kommt vom Himmel Tag für Tag,
> um sein Bild zu sehen auf seinem großen Thron.
> Er *steigt herab* auf sein Bild
> und gesellt sich zu seinen Kultbildern.«[9]

Bei der Indienstnahme eines solchen von Menschen gefertigten Götterbildes war von menschlicher Seite ein umfangreiches Ritualprogramm erforderlich, um den regelmäßigen Abstieg und die Einwohnung der Gottheit in ihrem Bild zu ermöglichen, das sogenannte »Mundöffnungsritual«. Dieses stellte den letzten Akt der Herstellung einer Götterstatue dar. Durch die »Mundöffnung« der Statue wird diese belebt und beseelt, weswegen die priesterlichen Spezialisten für die Anfertigung von Götterbildern auch die Titel »Beleber« oder »Beseeler« als Berufsbezeichnung führten.[10] Sie hauchten dem Bild rituell Leben und eine Seele ein. Daher kann man zusammenfassend mit *Jan Assmann* festhalten: Die Götterstatue war nicht ein

> »Bild des Leibes, sondern Leib der Gottheit. Sie bildet nicht seinen Leib ab, sondern gibt ihm Gestalt.«[11]

3. Sowohl in Mesopotamien als auch in Ägypten konnte der König das irdische Abbild Gottes sein, gleichsam seine

---

[9] *J. Assmann*, Ägypten (Anm. 8), 52.
[10] *J. Assmann*, ebd. 57.
[11] *J. Assmann*, ebd. 57.

lebendige Statue.[12] So wird in der ägyptischen Königsideologie der König in zweierlei Weise als Bild Gottes bezeichnet. Einmal stellt er regelrecht ein Ab- oder Ebenbild Gottes dar – wohl auch durch sein prachtvolles Auftreten und Erscheinen vor seinem Volk –, wenn er die Verborgenheit seines Palastes verlässt. Zum anderen wird der König als eine Gott *ähnliche*, ihm *vergleichbare* Gestalt gefeiert, wobei die Ähnlichkeit und Vergleichbarkeit vor allem im *Handeln* und in der Ausübung von Herrschaft besteht. So kann man in der Inschrift Amenophis' III. (14. Jh. v. Chr.) in der Zeit des Neuen Reiches lesen:

> »Dieses Land habe ich (Amun) in seiner Länge und Breite geschaffen
> um auszuführen, was mein Ka wünscht;
> Dir habe ich gegeben /// meine //// insgesamt;
> Du beherrschst es (das Land) als König, so wie (zu der Zeit), als ich König von Ober- und Unterägypten war;
> Du bewirtschaftest es für mich aus liebendem Herzen,
> denn du bist mein geliebter Sohn, der aus meinem Leibe hervorgegangen ist,
> mein Abbild, das ich auf Erden gestellt habe.
> In Frieden lasse ich dich das Land regieren,
> indem du die Häupter aller Fremdländer tilgst.«[13]

Damit macht die ägyptische Königsideologie deutlich, dass der König von Gott gezeugt, sein Sohn und irdisches Abbild ist, das ihm in der Ausübung seiner Herrschaft ähnlich ist, indem er für den Frieden und das Wohlergehen des Landes und seiner Untertanen sorgt. Dabei tragen sowohl die von besonderer Pracht gekennzeichnete Gestalthaftig-

[12] Vgl. dazu *B. Janowski*, Die lebendige Statur Gottes. Zur Anthropologie der priesterlichen Urgeschichte, in: Ders., Die Welt als Schöpfung. Beiträge zur Theologie des Alten Testaments 4, Neukirchen-Vluyn 2008, 140-171.

[13] Übersetzung nach *B. Ockinga*, Die Gottebenbildlichkeit im Alten Ägypten und im Alten Testament, ÄAT 7, Wiesbaden 1984, 146.

keit des Königs als auch seine Tätigkeit als Herrscher zu dessen Abbildhaftigkeit bei. Vergleichbare Aussagen finden sich auch in sumerischen und akkadischen Texten.

Die Götter des Alten Orients konnten danach auf dreierlei Weise irdisch präsent sein: Im Kosmos in Gestalt seiner sichtbaren Objekte, im Bereich des Kultes in Gestalt ihrer von Menschen gemachten und rituell beseelten Götterbilder und im Bereich der politischen Herrschaft in Gestalt des Königs als dem von Gott geschaffenen, gezeugten und geborenen Abbild. Alle drei Bereiche, der Kosmos, der Kult und das Königtum, überschnitten und durchdrangen sich. Alle drei Dimensionen, Kosmos, Kult und Königtum, bildeten die Fundamente des antiken Staates. Über ihre Bilder fanden die fernen Götter als einer Art medialen Brücke Eingang in die sichtbare Welt. Sie vermitteln Gottesnähe und Gottesgegenwart. Ja, durch die Götterbilder wurden Kosmos, Kult und Staat geradezu zu Institutionen der Gottesnähe.

Bilderkult und Bildtheologie waren daher in den großen Kulturen des Alten Orients politisch hoch kontaminiert, ja, die Theologie der Gottesbilder war auch ein Kapitel politischer Theologie. Wer die Götterbilder kontrollierte und verwaltete, der kontrollierte und verwaltete den Staat als ein Ordnungsgefüge der Welt. Macht man sich das klar, dann bekommt das biblische Bilderverbot einen höchst brisanten Aspekt. Bildtheologie ist politische Theologie! Wer die Götterbilder in Frage stellte, der stellte die Ordnungen des Kosmos, des Kultes und des Staates in Frage. Ist es ein Zufall, dass – dem narrativen Konzept der fünf Bücher Mose entsprechend – das Bilderverbot nicht im Schoß einer der großen Kulturen des Alten Orients, Ägypten oder Mesopotamien, mit ihren staatlichen Strukturen geboren wurde, sondern jenseits davon in der Wüste, in einem kultischen und staatlichen »Niemandsland«?

3. Göttergebilde und Gottes Gebote

Das Bilderverbot des Dekalogs setzt voraus, dass es auch in Israel einen – wie auch immer gearteten – Bilderkult gegeben hat, bei dem in der vorexilischen Zeit nicht nur fremde Götter in materiellen Bildern und Kultsymbolen verehrt wurden, sondern auch JHWH, der Gott Israels. Was es nicht gab, muss nicht verboten werden. Die frühesten Belege hierfür finden sich in der beißenden Polemik des Propheten Hosea (8. Jh. v. Chr.) gegen den JHWH repräsentierenden Stierkult von Bethel, der von ihm in seiner vermeintlichen Absurdität mit der Parole verspottet wird: »Menschen küssen Kälber« (Hos 13,2).

Im ausgehenden 8. Jh. v. Chr. wurde diese prophetische Kritik am Stierkult von Bethel dann geschichtstheologisch neu reflektiert. Die als »Sünde des Jerobeam« (1 Kön 12,30; 13,34; 14,16; 15,26) gebrandmarkte Aufstellung der Stierbilder in den beiden Reichsheiligtümern von Bethel und Dan (1 Kön 12,26-33), die bereits die Geburtsstunde des Nordreiches Israel verdunkelt habe, sei von Anfang an der tödliche Virus gewesen, der schließlich zum Untergang des Nordreiches Israel unter den militärischen Schlägen der Assyrer führte (vgl. 2 Kön 17,16-18). Mit dieser Erzählung (1 Kön 12) befinden wir uns aber bereits in der ausgehenden Königszeit im 7. Jh. v. Chr., in der man im Südreich Juda das Ende des Nordreiches Israel (722 v. Chr.) theologisch reflektierte.

Noch später, in der Zeit der Formation des Pentateuchs im Exil und in der frühen Perserzeit, wurde diese Ursünde Jerobeams und Israels dann in die frühesten Anfänge des Volkes zurückprojiziert und in der Erzählung vom »Tanz ums goldene Kalb« auf eindrucksvolle Weise neu inszeniert (Ex 32). Damit entstand eine gesamtisraelitische Erzählperspektive, aus der die ehemalige Zerstörung des Kultbildes am Sinai durch den zornigen Mose ohne dauerhaften Erfolg blieb. Es hatte nichts genützt, dass er einst das goldene Kalb pulverisierte, in Wasser verrührte und von den Israeliten trinken ließ, damit diese ihr selbstgefertigtes Göttergebilde regelrecht ausscheiden sollten und ihnen ein für allemal die Lust am Bilderkult verginge. Die gesamte Geschichte Israels sei kontaminiert gewesen mit dieser leidenschaftlichen Versuchung, Gott im Bild zu bannen, zu materialisieren und zu visualisieren.

Was aber blieb anstelle des goldenen Stierbildes? Das waren die beiden Tafeln vom Sinai mit dem Bilderverbot, die als Wächter und treue Zeugen seit den Tagen des Mose mit seinem Volk durch die Geschichte gehen, um dieses – leider oft vergeblich – ständig daran zu erinnern und zu mahnen, dass die Darstellung JHWHs in von Menschen gemachten Bildern ein Irrweg sei, der in die Katastrophe führt.

Mit dem Sieg des Monotheismus über den Polytheismus geht also die Ablösung der Göttergebilde durch Gottes Gebote einher, die Ablösung des *Bildes* Gottes durch das *Wort* und den *Namen* Gottes. Denn es ist kein Zufall, dass das Bilderverbot im Dekalog zwischen dem Fremdgötterverbot und dem Verbot des Namensmissbrauches steht. Die exklusive Verehrung JHWHs, die zwar noch nicht die Existenz, wohl aber die Verehrung anderer Götter ausschließt, konstituiert auch eine neue Kult- und Glaubenspraxis: Verzicht auf die Anfertigung von Götterbildern und ihre Verehrung. An Stelle dessen sollte allein JHWH und sein schriftlich fixiertes Wort in Gestalt der beiden vom Finger Gottes beschriebenen Tafeln vom Sinai verehrt werden (Ex 32,16). Es trifft daher zu, was *Hans Belting* über die Erzählung vom goldenen Kalb und ihre weitreichenden bildtheologischen Konsequenzen festgestellt hat:

> »Der Kult eines einzigen Gottes mündete im Kult eines universalen Gottes. Er lebte vom Medium der Schrift, die nicht an einen Ort, nicht an den Sockel eines Standbildes gebunden war.

> Die Offenbarung gründete auf dem Wort, aber ›dieses wurde erst im Buchstaben Gesetz. Die Schrift ist die Manufaktur des einzigen Gottes‹«.[14]

Das in die Tafeln des Sinai geritzte Bilderverbot hatte allerdings seine eigene literarische Geschichte. Es ist gleichsam die Quintessenz, die Israel aus der Botschaft der Propheten und aus seinen großen ikonoklastischen Erzählungen in 1 Kön 12 und Ex 32-34 gezogen hat.[15] Die Anfänge des Verbots sind wahrscheinlich mit dem Aufkommen und der Forderung nach einer JHWH-Monolatrie in frühdeuteronomischer Zeit im 7. Jh. v. Chr. verbunden. So hält z. B. das deuteronomische Gesetz fest:

> »[21] Du sollst dir keine Aschera einpflanzen, keinerlei Baumstamm neben dem Altar JHWHs, deines Gottes, den du dir gemacht hast.
> [22] Und du sollst dir keine Mazzebe errichten, denn JHWH, dein Gott, hasst das.« (Dtn 16,21f.)

Hier werden die literarischen Wurzeln des späteren Bilderverbotes gelegt. JHWH, der Gott Israels, der allein zu verehren ist, duldet neben seinem Altar keine weiteren materiellen Kultsymbole, keine Ascheren und Mazzeben, die ihn mit den Göttern der kanaanäischen Kulthöhen verwechselbar werden lassen. In der Exilszeit wurden diese konkreten Verbote dann im ersten und zweiten Gebot zusammengefasst:

> »[3] Du sollst keine anderen Götter haben mir ins Angesicht.
> [4] Du sollst dir kein Kultbild (*päsäl*) machen,
> (und) keinerlei Gestalt (*t^emunah*) dessen, was im *Himmel* oben ist, und was auf der *Erde* darunter ist, und was im *Wasser* unter der Erde ist.
> [5a] Du sollst dich vor ihnen nicht niederwerfen und ihnen nicht dienen.« (Ex 20,3-5a; Dtn 5,7-9a).

---

[14] *H. Belting*, Das echte Bild (Anm. 2), 11.

[15] Vgl. die knappe Zusammenfassung der Geschichte des Bilderverbots bei *R. Lux*, Das Bild Gottes und die Götterbilder im Alten Testament, ZThK 110, 2013, 138-143. Dort weitere Literatur!

Der Terminus *päsäl* bezeichnet nicht jedes nur denkbare Bild, sondern ganz konkret ein aus Holz, Stein oder Metall hergestelltes plastisches Bild, das nur in kultisch-religiösen Zusammenhängen Verwendung findet. Es geht also um das Verbot der Herstellung von Bildern des allein zu verehrenden Gottes JHWH, also nicht um ein Verbot profaner Bilder und schon gar nicht um ein Kunstverbot. Die Erweiterung dieses Kultbildverbotes in Ex 20,4abβ; Dtn 5,8abβ zielt dann auf die Frage nach einer denkbaren, aber von vornherein ausgeschlossenen *t^e^munah* ab, einer »sichtbaren Gestalt«, also dem möglichen und von der Sache her doch unmöglichen *Aussehen* eines solchen *päsäl* JHWHs. Und diese Erweiterung hält fest, dass es keine Erscheinung der sichtbaren Welt gibt, weder am *Himmel* noch auf der *Erde* und auch nicht im *Wasser* unter der Erde, die für eine Visualisierung, also eine sichtbare Gestalt JHWHs in einem Kultbild infrage käme.

Mit den Bereichen Himmel, Erde und Wasser wird das dreigliedrige antike Weltbild in den Text eingespielt. Der Afront gegen den Kosmotheismus der polytheistischen Nachbarkulturen Israels liegt auf der Hand. Was auch immer der Israelit vor Augen hatte, nichts davon taugte zum Repräsentationsobjekt JHWHs, und schon gar nicht ein wie auch immer geartetes von Menschenhand gefertigtes Abbild eines Objektes dieser Welt.

Es geht im Bilderverbot um das Verhältnis des Menschen zur Welt und dessen, was sie erfüllt, worauf bereits *Gerhard von Rad* hingewiesen hat. Nach altorientalischem, kosmotheologischem Weltverständnis bestand an

> »jedem Ort der Welt […] mindestens die Möglichkeit, dass er ›gottdurchlässig‹, also zu einer Aussage von einer Gottheit ermächtigt wird und derart zum Medium zwischen Gott und dem Menschen wird. […] Gegen diese Kultform sagte Israel ein unbedingtes Nein.«[16]

[16] *G. v. Rad*, Gottes Wirken in Israel. Vorträge zum Alten Testament, Neukirchen-Vluyn 1974, 314.

Die Welt ist Welt und nicht Gott und auch kein Bild von ihm. Sie ist Schöpfung Gottes und kann daher niemals der Schöpfer sein. Und daher kann jedes von Menschenhand gefertigte Bild immer nur die sichtbare Welt und ihre Geschöpfe repräsentieren und visualisieren, nicht aber den unsichtbaren Schöpfer. Keine Gestalt dieser Welt vermag uns ein »echtes Bild« von JHWH in dem Sinne zu geben, dass es kultische Verehrung verdient. Unsere Bilder sind Spiegel, allzu oft Zerrspiegel der Welt, nicht aber ein Spiegelbild Gottes. Daher wäre es ein Akt der Selbsttäuschung, wollte man die Welt und ihre Bilder in einer Apotheose sakral aufladen. Wer die Welt und ihre Bilder nicht Welt sein lässt, sondern zum Gott macht, begibt sich in die babylonische Gefangenschaft der falschen Bilder, die das, worauf sie sich beziehen, lediglich vortäuschen, nicht aber wirklich repräsentieren.

Vor solchen falschen Abhängigkeiten aber will das Bilderverbot Israel bewahren. Deswegen nimmt V 5a das Fremdgötterverbot aus V 3 wieder auf und schärft seinen Lesern ein: »Du sollst dich vor ihnen nicht niederwerfen und ihnen nicht dienen.« Denn, das wusste man im Alten Orient so gut wie heute: Bilderfragen sind nicht nur Glaubensfragen, sondern auch Machtfragen! Bilder sind Objekte der politischen Theologie, kultische und staatliche Herrschaftsinstrumente. Und der Mensch, der die Bilder anbetet, die er von Gott und der sichtbaren Welt entwirft, der verspielt seine Freiheit und wird zum Knecht seiner eigenen Bilderwelten.

4. Vom Ort der Bilder

Müssen wir also ganz auf die Gottesbilder verzichten? Das sei ferne! Vielmehr kommt es auf den »Ort der Bilder« an.[17] Der erste Ort der Bilder ist der menschliche Körper. In ihm

---

[17] Vgl. *H. Belting*, Bild-Anthropologie (Anm. 5), 57ff.

stellen sich – ob wir das wollen oder nicht – Bilder ein. Der Körper erzeugt, erkennt und erinnert sich an Bilder. Diese körpereigenen, internen Bilder sind von den externen materiell-physischen Bildern zu unterscheiden. Die inneren Bilder sind flüchtige Nomaden der Zeit. Sie kommen und gehen, sie sind beweglich, veränderlich, vergänglich und infinit. Denn sie kennen keine Grenzen, man denke nur an unsere Träume. Wenn der menschliche Körper diese internen, körpereigenen Bilder externalisiert, aus sich heraus setzt und ihnen einen neuen materialen und medialen Körper aus Holz, Metall, Leinwand und Farbe gibt, dann besteht immer die Gefahr, dass die infiniten, unbestimmten, veränderlichen und vergänglichen Bilder begrenzt, festgelegt, also definiert werden. Genau das ist aber – jedenfalls dann, wenn es um Gottesbilder geht – die menschliche Urversuchung schlechthin. Der ewige, unbegrenzte, lebendige Gott lässt sich durch kein – wie auch immer geartetes – menschliches Bild begrenzen, festlegen oder definieren. Er ist immer ein Gott in Veränderung, sein »Sein ist im Werden«.[18] Die Erscheinung und Anschauung des lebendigen, bildlosen Gottes sprengt daher jedes menschliche Fassungsvermögen, selbst das unserer inneren, körpereigenen Bilder von ihm. Mit unserer Gottesbilderproduktion verhält es sich daher nicht anders als mit unserem Predigen und Reden von Gott. Denn auch für diese gelten nach wie vor die drei berühmte Sätze *Karl Barths*: »Wir sollen als Theologen von Gott reden. Wir sind aber Menschen und können als solche nicht von Gott reden. Wir sollen beides, unser Sollen und unser Nichtkönnen, wissen und eben damit Gott die Ehre geben.«[19] Mit

[18] Was von den menschlichen Bildern von Gott gilt, das betrifft auch unser Reden von Gott. Vgl. dazu die Studie von *E. Jüngel*, Gottes Sein ist im Werden. Verantwortliche Rede vom Sein Gottes bei Karl Barth. Eine Paraphrase, Tübingen ^{2}1967.

[19] *K. Barth*, Das Wort Gottes als Aufgabe der Theologie, in: Ders., Gottes Freiheit für den Menschen, Berlin 1970, 85.

welchen Bildern und welchem Reden aber ließe sich Gott die Ehre geben?

Die Paradoxie christlicher Verkündigung in Wort und Bild besteht demnach darin, dass – gerade weil kein Wort und kein Bild ihn zu fassen vermag – wir nur in Bildern und Metaphern von ihm reden können und müssen. Unter diesen vielfältigen Metaphern und Bildern gibt es allerdings eine *Leitmetapher*. Und das ist die des Menschen selbst. Dass sich die Erzähler Israels anthropomorpher Bilder bedienten, von JHWHs *Augen*, seinem *Angesicht*, seiner *Nase*, seinem *Mund* und seiner *Hand* sprachen, das dürfte alles andere als zufällig sein. Die Vorstellung vom Menschen als einem »Ebenbild Gottes« (Gen 1,27; 5,1; 9,6) dominiert Israels *mentale Ikonographie* des Göttlichen.[20] JHWH wurde vor allem (aber nicht nur!) im Rahmen eines anthropomorphen »Körperkonzeptes« zur *Sprache* gebracht und mental ins *Bild* gesetzt. Da der Mensch, *Adam*, nur in einem anderen Menschen, seiner weiblichen Partnerin, ein ihm ent*sprechendes* Gegenüber fand (Gen 2,18-24), ein Gegenüber, zu dem er in eine soziale und kommunikative Beziehung eintreten konnte, deswegen lag es nahe, auch die Gott-Mensch-Beziehung an diesem Analogon auszurichten. Gott als Person, das ist *das* biblische Leitbild und *die* Leitmetapher für unser Reden von Gott. Dieses Leitbild hat schließlich im Nazarener, in Christus, eine leibliche Gestalt angenommen. Ja, für die christliche Gemeinde wurde Christus zu dem eigentlichen Ort, an dem sich unsere Bilder von Gott konzentrieren.

Dabei ist es aber wichtig zu beachten, dass der Körper von Menschen und Göttern sowie seine Teile in den antiken Kulturen nie allein auf seine Materialität und Gestalthaftigkeit (im Bild) reduziert wurden, auch der Leib des irdischen Jesus nicht. Alles, was vom Körper eines Menschen, seiner fleischlichen Wirklichkeit ausgesagt wurde,

---

[20] Vgl. dazu *R. Lux*, Bild Gottes (Anm. 15), 143-157.

das diente immer zugleich der Symbolisierung kultureller, religiöser und sozialer Beziehungen, die sich in den von ihm ausgehenden Handlungen ausdrückten. So stehen die Augen JHWHs für seine Aufmerksamkeit und Zuwendung zu seinen Geschöpfen, die Nase für seinen Zorn und seinen Grimm, die Hände für sein tatkräftiges Eingreifen in Schöpfung und Geschichte. Die Körperbilder beschreiben Teilfunktionen der einen göttlichen Person. Deswegen sollte man die *Anthropomorphismen* der Bibel sachgerechter als *»Soziomorphismen«* bezeichnen.[21] Wenn in der Bibel vom »Körper« Gottes die Rede ist bzw. von seinen Teilen, dann geht es also nicht um eine wie auch immer geartete Schau des – ohnehin unergründlichen – *Wesens* Gottes, es geht nicht um den Durchbruch des »Abbildes« zum verborgenen »Urbild«, sondern um die Sichtbarmachung der lebendigen, handelnden *Wirklichkeit* Gottes. Und diese Wirklichkeit drückt sich in seinen Handlungen aus. Den Gott Israels und Vater Jesu Christi schauen heißt daher: sein Wirken betrachten, auf sein Reden hören, sein Wort meditieren! Ein Verstehen und Sehen Gottes wird »unmöglich sein, wenn nicht die ›Taten‹ des Herrn, wenn nicht die heilige Geschichte selbst in Predigt und Unterweisung zum Sprechen gebracht wird…«.[22]

Wie aber wirkt der Gott Israels, der sich auf kein Bild festlegen lässt, dessen man in keinem Bild habhaft werden kann, der uns nur in der Fülle, in einer unendlichen Pluralität von Bildern seiner Wirksamkeit begegnet? Um auf diese Fragen eine Antwort zu bekommen, kann es hilfreich sein, am Ende noch einmal einen Blick auf die große Erzählung vom Bundesbruch und der Bundeserneuerung in Ex 32-34 zu werfen.

---

[21] So *F. Hartenstein*, Das Angesicht JHWHs. Studien zu seinem höfischen und kultischen Bedeutungshintergrund in den Psalmen und Ex 32-34, FAT 55, Tübingen 2008, 10ff.

[22] *K. H. Miskotte*, Wenn die Götter schweigen. Vom Sinn des Alten Testaments, München 1966, 399f.

5. Vom »Vorübergehen« der Güte

Da sehen wir in Ex 33 einen leidenschaftlich mit Gott ringenden Mose. Er soll nach dem Tanz um das goldene Kalb Israel allein ins gelobte Land führen. JHWH selbst will nicht mehr mit hinaufziehen. Er hat an seinem halsstarrigen Volk die Lust verloren und fürchtet, dass er es in seinem Zorn vernichten könnte (Ex 33,3). Gott kündigt seinem Volk und damit auch Mose seine Anwesenheit und Nähe auf und stürzt sie in das Trauma der Abwesenheit Gottes. Moses leidenschaftliches Ringen um JHWHs Nähe und sein Geleit gipfelt schließlich in der Zusage Gottes: »Mein Angesicht wird euch vorausgehen, und ich werde dir Ruhe schaffen« (33,14). Mose aber ist ein penetranter, fast möchte man sagen dreister Beter. Er gibt sich mit dem Wort JHWHs allein nicht zufrieden. Er will schauen, was Gott sagt, und bittet: »Lass mich deine Herrlichkeit sehen« (33,18).

Der Mensch ist ein Augentier! Da ist Mose ganz und gar der Urvater des ungläubigen Thomas (Joh 20,24-29). Der Mensch will schauen und nicht glauben. Und so wie der auferweckte Christus sich des ungläubigen Thomas annahm, so nimmt sich nun auch JHWH des Mose an. Was hat er ihm zu sagen?

In einer ersten Antwort offenbart ihm der Gottkönig das Wechselspiel zwischen seiner Güte und seinem Namen. »Ich will all meine Güte vor deinem Angesicht vorüberziehen lassen« (Ex 33,19). Die Widerfahrnisse des Guten werden gleichsam zum Gewand und zur Gestalt Gottes, in der er sich zeigt und zugleich verbirgt. Das hebräische Nomen *tob* »Gutes« hat ein breites Bedeutungsspektrum. Es bezeichnet das *ethisch* Gute (»Tun/Lieben/Suchen des Guten« Ps 14,1.3; 34,15; 38,21; Am 5,14f.), das *ästhetische* »Schöne« (Hos 10,11) und die *ökonomischen Güter* (»Wohlstand und materiellen Überfluss«; Ps 25,13; Sach 1,17). In Ex 33, wird das »Gute« und »Schöne« geradezu zu einem Beinamen Gottes erhoben. JHWH ist in seiner Herrlichkeit als solcher *gut* (Ps 16,2; 52,11; 106,1; 107,1; 118,1.29 u. ö.). Im Guten, das Israel widerfuhr, ist ihm sein Gott begegnet. Widerfahrnisse des Guten und Schönen sind daher Bilder Gottes, Gotteserfahrungen und Christuserfahrungen. »Niemand ist gut als Gott allein« (Mk 10,18 par.), sagt Jesus, ein Sohn aus Israel, dem reichen Jüngling (vgl. Ps 104,15; Spr 3,9f.; Jes 55,1).

Wenn aber der unsichtbare Gott in all seiner Güte und Herrlichkeit sichtbar an Mose *vorüberzieht*, dann erhält diese Aussage in dem narrativen Kontext der Geschichte von der Schuld Israels und der Vergebung Gottes noch einen ganz eigenen Akzent. Der Erzähler spielt in dem Text mehrfach mit dem hebräischen Verb *abar* »vorübergehen/weiterziehen« (Ex 33,19.22; 34,6). Hier wird mehr zum Ausdruck gebracht als nur die Erfahrung, dass sich *das* Gute und *der* gute Gott eben nicht festhalten lassen, dass das Glück ein flüchtiges Gut ist. Vielmehr kann das Verb auch die Bedeutung annehmen, dass der überaus dynamische, mobile, unsichtbare, gute Gott Israels auch an der Schuld seines Volkes, eines Menschen *vorübergeht* (2 Sam 12,13; 24,10; Am 7,8; 8,2; Mi 7,18; Sach 3,4; Hi 7,21), dass er sie verschont und ihnen vergibt. Gehört damit auch die *Vergebung* zu all dem Guten, ja ist sie nicht überhaupt das *Beste*, was Gott zu geben hat? Im *Vorübergehen* erweist sich JHWH als barmherziger und gnädiger Gott, der Schuld vergibt (vgl. Ex 34,6f.).

Ja, mehr noch, diese Güte und Schönheit Gottes ist geradezu Bild, Ausdruck und Inbegriff seines Namens. Und so legt er seinen Namen »JHWH« vor Mose selbst mit den Worten aus: »Wem ich gnädig bin, dem bin ich gnädig, / und wessen ich mich erbarme, dessen erbarme ich mich« (Ex 33,19). Man könnte diese Selbstauslegung Gottes in seinem Namen als Proklamation der Willkür verstehen, im Sinne von »Ich mache, was ich will«. Jedoch wäre dies ein Missverständnis, das den Erzählzusammenhang außer Acht lässt. Das Frappierende an Ex 33 ist ja dies, dass JHWH tut, was Mose will, dass er sich in seinem Zorn besänftigen lässt. Die Auslegung des JHWH-Namens in V. 19b wahrt daher einerseits die Freiheit Gottes, offenbart aber andererseits seinen leidenschaftlichen Willen zur Gnade und Barmherzigkeit, der seine Bereitschaft zu Zorn und Strafe tausendfach übertrifft (34,7).

Unsere Gottesbilder und unser Predigen, sie stehen damit unter einer großen Verheißung. Sie sind eine Veranschaulichung und Auslegung des ureigenen Namens Gottes. Überall, wo dieser Name aus- und angerufen wird, stellt sich die Gegenwart des Unsichtbaren ein.

6. *»Keiner hat Gott je gesehen…«*

Die zweite Antwort, die Mose auf seine Bitte, JHWHs Herrlichkeit zu sehen, erhält, besteht in einer Einschränkung. Dem Sehen Gottes wird eine unaufhebbare Grenze gesetzt: »Mein Angesicht vermagst du nicht zu sehen« (Ex 33,20). Eine unmittelbare Gottesschau ist dem Menschen nicht möglich. Selbst in seiner Güte und in seinem Namen bleibt er ihm auf geheimnisvolle Weise entzogen. Alle unsere Bilder und Metaphern von Gott unterscheiden sich von ihm selbst. »Denn unser Wissen ist Stückwerk…«, schreibt der Apostel (1 Kor 13,9). Ja, die Verwechslung unserer Gottesbilder mit Gott selbst ist geradezu lebensgefährlich, weil sie dazu verführt, Gott zu definieren, zu instrumentalisieren, zu objektivieren und zu manipulieren. Auch Mose muss sich und seiner Gotteserkenntnis Grenzen setzen lassen. Auch dem, der mit seinem Gott »von Angesicht zu Angesicht« redete (Ex 33,11), wird es nicht gegeben sein, Gott *direkt* zu sehen. Zwischen dem Begehren des Menschen und der Erfüllung, die ihm gewährt wird, bleibt eine unaufhebbare Differenz.

Und doch behält beides sein Recht, das Begehren und seine Begrenzung. Wer sich wie Mose auf JHWH einlässt und auf wen JHWH sich eingelassen hat, der kann nicht in sich selbst gefangen bleiben, sondern muss den Kreis seines Lebens und Erkennens transzendieren, entgrenzen. Wer hingegen seine begrenzten Welt- und Gottesbilder zum Idol erhebt, sie als letzte Erfüllung feiert, geht in die Irre, sei es in der Theologie, der Philosophie oder der Wissenschaft. Daher ist Ex 33,17-23 eine der »grandiosesten Szenen des Alten Testaments [...]. Und das ist das Höchste, das Äußerste, das Letzte, das aller Theologie, aller Philosophie wie auch aller – aus ihrer innersten Intention verstandenen – Wissenschaft zu schauen vergönnt ist: die ›Rückseite‹ (Gottes) – vorausgesetzt, dass sie begehren, das ›Angesicht‹ zu schauen«.[23]

Das Predigen, unser großes »Bildermachen« von der Wirklichkeit Gottes, hat daher nichts so nötig wie Selbstrücknahme und Sparsamkeit. Einer Kultur der Bilderflut und Bilderwut, der Visualisierung aller Lebensbereiche, unseres Wissens, Glaubens, Hoffens und Liebens, die darauf aus ist, die ganze Wirklichkeit ins Bild zu (ver-)setzen, könnte die Wirklichkeit am Ende abhanden kommen.

> »Die Kirche, die einmal die Bilder instrumentalisierte, müsste eigentlich heute, wenn ich einmal so utopisch reden darf, die Bildlosigkeit, die Transzendenz des Bildes, sie müsste die Unsichtbarkeit und Undarstellbarkeit der großen Themen des Menschen, der Religion schützen und propagieren. Sie müsste Bildaskese betreiben. Sie müsste wieder ins Bewusstsein bringen, dass ebenso wenig, wie sich die Welt in Informationen begreifen lässt, sich die Welt und die Dinge, die uns wirklich wichtig sind, darstellen lassen. Was uns wirklich wichtig ist, davon lässt sich kein Bild machen«[24]

---

[23] *F. Stier*, Vielleicht ist irgendwo Tag. Aufzeichnungen, Freiburg/Heidelberg [5]1981, 205f.

[24] *H. Belting*, Skizzen zur Bilderfrage und zur Bilderpolitik heute, in: *E. Nordhofen* (Hg.), Bilderverbot. Die Sichtbarkeit des Unsichtbaren, Paderborn 2001, 36.

»Man lobt dich in der Stille« (Psalm 65,2)

Über Gott und das Schweigen in den Psalmen*

1. Einführung

Das Buch der Psalmen ist im Hebräischen mit dem Nomen *t^e^hillim* (»Loblieder«) überschrieben. Während in Ps 1 der Mensch glücklich gepriesen wird, der nicht im Rat der Übeltäter sitzt, sondern an der Tora, der Weisung Gottes, seine Freude hat, wird das Buch in Ps 150 mit dem großen Halleluja beschlossen, dem Lobpreis JHWHs, in den alle Instrumente des Jerusalemer Tempelorchesters einstimmen sollen. *Arnold Stadler* schreibt im Nachwort zu seiner poetisch einfühlsamen Übertragung ausgewählter Psalmen: »Dem Menschen in den Psalmen bleibt fast nichts, als diesen Gott zu rühmen oder – sich zu ihm fliehend – zu klagen. Rein numerisch überwiegen innerhalb der Psalmen sogar die Klagelieder. Erst an zweiter Stelle kommen die Preislieder oder Hymnen, quantitativ. Vielleicht entspricht diese Reihenfolge der *conditio humana*.«[1]

Was mich an dieser nüchternen Feststellung des Poeten aufhorchen ließ, ist nicht das Übergewicht der Klage über den Lobpreis. Vielmehr ist es das Wörtchen »fast«. Gibt es neben Lob und Klage noch eine andere Dimension, in der die Gottesbeziehung des Menschen Gestalt annehmen, erlitten und gelebt werden und schließlich auch Erfüllung finden kann? Auf der Suche nach der »dritten Dimension« bin ich auf das bisher wenig beachtete *Schweigen* in den Psalmen gestoßen. Es bildet ganz sicherlich nicht die Dominante in dieser Sammlung von Lob- und Klagegebeten Israels, wohl aber einen Nebenton, der zuweilen anklingt,

---

* Festvortrag zum 70. Geburtstag von Bischof Volker Kreß im Juli 2009 und zum 80. Geburtstag von Prof. Dr. Hans Seidel im November 2009.

[1] *A. Stadler*, »Die Menschen lügen. Alle« und andere Psalmen, Frankfurt a. M./Leipzig 2005, 115.

wenn die Sprache von Lob und Klage an ihre Grenze kommt. Doch schon der Begriff Nebenton erscheint hier paradox. Kann denn das Schweigen tönen?

Zunächst einmal ist zu beachten, dass die Psalmensprache immer eine Beziehung thematisiert. Es geht also nie allein um das Schweigen Gottes oder des Menschen, sondern immer um das Schweigen und die Stille *zwischen* Gott und Mensch, das Schweigen und die Stille in einer Beziehung, die zuweilen bedrohlich wie in einer Ehekrise, zuweilen aber auch als höchste Beglückung erfahren werden.

Welchen Ort haben Schweigen und Stille in der Gottesbeziehung des Menschen? Gehören sie ebenso wie Lob und Klage zur *conditio humana*? In einer lauten Gesellschaft, die es mehr und mehr verlernt, auf leise Zwischentöne zu hören, und einem bisher kaum gekannten »Terror« zur Dauerkommunikation ausgesetzt ist, einer unaufhörlichen Rundumbeschallung, stellt sich die Frage nach dem anthropologischen und theologischen Gewicht des Schweigens und der Stille immer dringlicher. So ist es wohl kein Zufall, dass der mehrfach preisgekrönte Film des Regisseurs *Philip Gröning*, »Die große Stille«, eine breite Aufmerksamkeit im In- und Ausland gefunden hat. In annähernd drei Stunden wird das Leben des Schweigeordens der Kartäusermönche in ihrem Mutterkloster La Grande Chartreuse bei Grenoble gezeigt. Sparsamste Kommentare, schweigend reiht sich Bildsequenz an Bildsequenz, wird der Alltag der Mönche in seinen stets gleichen Verrichtungen wie in einer Endlosschleife aufgezeichnet. Nur die ritualisierten Gebetszeiten und Psalmengesänge unterbrechen »die große Stille« und rhythmisieren die scheinbar verharrende und doch fließende Zeit. Dieser Film dokumentiert eine Gegenkultur zu der uns umzingelnden Kultur des Lärms. Er konfrontiert seinen Betrachter mit der – annähernd vergessenen – Kultur des Innehaltens, der Selbstrücknahme und des Schweigens. Aus dieser Stille heraus werden plötzlich Dinge hörbar, die in unseren Lebenszusammenhängen von einer nicht abreißen wollenden Kette lautstark zelebrierter Events übertönt werden: Das Umblättern einer Buchseite, das leise Murmeln eines Psalmengebets, das Fallen der Blätter im Herbst, das lautlose Sinken der Schneeflocken im Winter.

Wächst in unserer an Lärmverschmutzung leidenden Zivilisation eine für Leib und Seele heilsame Sehnsucht nach Stille und Schweigen? Und was tun wir uns an, wenn wir den Bruder des Sprechens, des Klagens und Lobens, das Schweigen, nicht mehr pflegen? Dass es sich bei alledem nicht nur um ein sozialanthropologisches Dilemma handelt, in das wir uns hineinmanövriert haben, sondern um eine Frage von beachtlicher Relevanz für Theologie und Glauben, soll im Folgenden gezeigt werden.

2. Vom Radau der Götter

Nicht erst in der Moderne, bereits in der biblischen Antike kam es zuweilen zur Etablierung einer Gegenkultur gegen die herrschende Kultur des Lärms. Interessanterweise lassen sich im Alten Orient und im biblischen Israel noch Spuren finden, die dieses Aufeinanderprallen von Kultur und Gegenkultur andeuten. So berichtet der altbabylonische Atramchasis-Mythos[2] vom Aufstand der Dienstgötter gegen die führenden Gottheiten des Pantheons, die diese mit schwerer Fronarbeit belegt hatten. Im Rat der Götter wird nach einer Lösung gesucht, die in der Erschaffung der Menschen besteht, welche jetzt die Fron der Dienstgötter zu übernehmen hatten. Dieses Programm der Befriedung und Beruhigung der Götterwelt durch die Erschaffung des Menschen hatte nur einen Fehler, deren maßlose Fruchtbarkeit:

---

[2] Siehe die Übersetzung des Textes durch *W. von Soden* in: Texte aus der Umwelt des Alten Testaments (TUAT III/4), Gütersloh 1994, 618-645.

»[Nicht vergingen 12]00 Jahre,
[da wurde das Land immer weiter,] der Menschen wurden immer mehr.
Das Land lärmte [wie Stiere];
Durch [ihr lautes Tun] geriet der Gott in Unruhe.
[Enlil hörte] ihr Geschrei;
[er sprach] zu den großen Göttern:
[»Zu lästig wurde mir] das Geschrei der Menschen;
[infolge ihres lauten Tuns] entbehre ich den Schlaf.«[3]

Das also ist der Mensch, ein sich im Übermaß vermehrendes, lärmbegabtes Wesen, Störenfried der Götter. Der Konflikt zwischen Menschenlärm und Götterschlaf führte unweigerlich in die Katastrophe einer Sintflut, aus der sich nur der Flutheld Atramchasis mit Hilfe des Gottes Enki zu retten vermochte. Das Ruhebedürfnis der Götter und der Menschenlärm wird geradezu als *differentia specifica* zwischen Gott und Mensch festgehalten. Die Grenze zwischen Radau und Ruhe verläuft zwischen der Welt der Menschen und der Welt der Götter, dem Himmel und der Erde, dem Heiligen und dem Profanen.

Im alten Israel hat sich diese Grenze unmittelbar ins Heilige selbst hinein verschoben und in einem langen Ringen mit der kanaanäischen Religion zur Markierung der Grenze zwischen dem wahren Gott und den falschen Göttern beigetragen. Denn es war ja keineswegs nur der Mensch ein lärmbegabtes Wesen. Vielmehr kannte auch das kanaanäische Pantheon seine Furcht einflößenden Krachmacher und Rabauken im Kreis der Götter. Allen voran der »Wolkenreiter« Baal, der Gewittergott vom Berge Zaphon, von dem es im ugaritischen Baal-Zyklus heißt:

»Ich verstehe den Blitz, den der Himmel nicht begreift,
den Donner, den die Menschen nicht begreifen,
und den nicht versteht die Menschenmenge der Erde.«[4]

---

[3] Vgl. ebd. TUAT III/4, 626f. und 629.

[4] Übers. von *M. Dietrich* und *O. Loretz* in TUAT III/6, 1141.

»Und siehe, die Zeit seines Regens setzte Baal fest,
die Zeit des Wagens im Sturm
und des Erschallens seiner Stimme in den Wolken,
seines Schleuderns der Blitze zur Erde.«[5]

Das Brausen des Sturmes, das Donnern in den Wolken, das Krachen der Blitze, des Feuers, das er zur Erde schleudert, alles das sind die lautstarken Begleiterscheinungen gewaltiger Gewittertheophanien Baals.[6] Dieser kosmische Theater- und Gewitterdonner der Götter, der selbst beim naturwissenschaftlich aufgeklärten Menschen der Postmoderne – wenn er ihm unter freiem Himmel unmittelbar ausgesetzt ist – immer noch seine Wirkung zu entfalten weiß, dieses Naturschauspiel hat auch in das Gemüt Israels tiefe Spuren eingegraben. Wer mit seinem Gott auf der Seite der Sieger zu stehen wünschte, der stand stets in der Versuchung, den Lärm der Götter durch die Lautstärke des eigenen Gottes zu übertönen. Da gab es einen fröhlichen Wettbewerb der Götter, wer sich wohl am besten aufs Lärmen verstehe. Daher überrascht es nicht, wenn in Ps 29 die Attribute des Lärms vom kanaanäischen Gewittergott Baal auf JHWH, den Gott Israels, übertragen wurden.[7] Auch Israel fand Gefallen an einem lautstarken Gott, der von seinem Ursprung her ohnehin prädisponiert dafür war, diese Rolle zu übernehmen:[8]

---

[5] Ebd. in TUAT III/6, 1161.

[6] Siehe dazu immer noch grundlegend *J. Jeremias*, Theophanie. Die Geschichte einer alttestamentlichen Gattung, WMANT 10, Neukirchen-Vluyn 1965.

[7] Siehe dazu vor allem *W. H. Schmidt*, Königtum Gottes in Ugarit und Israel. Zur Herkunft der Königsprädikation Jahwes, BZAW 80, Berlin ^{2}1966, 55ff., und *H. Spieckermann*, Heilsgegenwart. Eine Theologie der Psalmen, FRLANT 148, Göttingen 1989, 165ff.

[8] Dass JHWH von seinem Ursprung her als eine Wettergottheit verehrt wurde, die dem kanaanäischen Baal/Hadad-Typ entsprach, wird inzwischen allgemein angenommen. Vgl. *A. Berlejung* in: *J. Chr. Gertz* (Hg.), Grundinformation Altes Testament, Göttingen ^{3}2009, 128, und *B. Lang*, Jahwe, der biblische Gott. Ein Porträt, München 2002, 218.

»Die *Stimme* JHWHs über dem Wasser!
Der Gott der Herrlichkeit lässt (es) donnern:
JHWH ist über gewaltigen Wassern.
Die *Stimme* JHWHs mit Macht,
die *Stimme* JHWHs mit Pracht.
Die *Stimme* JHWHs Zedern zerbrechend,
JHWH zerbrach die Zedern des Libanon.
Er lässt sie springen wie ein Kalb,
den Libanon und den Sirjon wie ein Junges von Wildstieren.
Die *Stimme* JHWHs Feuerflammen schlagend
Die *Stimme* JHWHs lässt die Steppe erbeben,
erbeben lässt JHWH die heilige Steppe.
Die *Stimme* JHWHs lässt Hirschkühe kreißen,
und er machte Wälder kahl.
Und in seinem Tempel spricht alles: Ehre!
JHWH thront über der Flut,
JHWH bestieg den Thron auf Ewigkeit.« (Ps 29,3-10)

Siebenmal hintereinander eröffnet der Dichter gegen die geläufige hebräische Syntax sein Gotteslob mit dem hebräischen Nomen *qol*, »Stimme, Schall«. Unüberhörbar und unübergehbar wie die sieben Tage der Woche wird den Betern geradezu eingepaukt, dass JHWH es ist und kein anderer Gott, der sein ewiges Königtum lautstark im Himmel und auf Erden angetreten hat. In einer gewaltigen Theophanie, bestehend aus Sturm, Donner, Feuerblitzen und dem Beben der Berge meldet er sich laut dröhnend zu Wort. Er und nicht Baal ist der Heilige, er das *fascinosum* und *tremendum*, er das kosmische »Megaphon« schlechthin. Auf diese Weise hatte auch Israel teilgenommen am Wettbewerb um die höchsten Phonstärken der Götter, die sich in gewaltigen Naturschauspielen zu Wort meldeten.

3. Von der Stille als Ort Gottes

Doch es kam die Stunde, in der dieses kleine Volk der Levante ausstieg aus der Konkurrenz der Krachmacher und Baal, dem alten Kanaanäergott, die lautstärkeren Boxen überließ, die das Götzengedöns in die Welt hinausposaunten. Wenn die alttestamentliche Wissenschaft mit ihrer literargeschichtlichen Einordnung der Erzählung von der Gottesbegegnung Elijas am Horeb in 1 Kön 19 recht hat,[9] dann nahmen einige Erzähler und Poeten Israels erst nach einer langen Geschichte der Auseinandersetzung mit der kanaanäischen Religion in der nachexilischen Zeit Abschied von der Vorstellung, dass sich ihr Gott im Lärmen der Natur offenbare, im Gewitter und Beben, wovon Ps 29 noch ganz selbstverständlich ausgegangen ist. Da erlebt der lebensmüde und an seinem Auftrag verzweifelte Prophet, der sich in einer Felshöhle verkrochen hatte, eine Theophanie ganz eigener Art.[10] JHWH fordert ihn auf, im direkten und vielleicht auch indirekten Sinn die dunkle Höhle (seiner Depressionen) zu verlassen, um ihm selbst auf dem Berge von Angesicht zu Angesicht gegenüberzutreten. Und dann heißt es:

> »Und siehe: JHWH zog vorüber.
> Da, ein großer, gewaltiger Sturm, Berge zerreißend und Felsen zerschmeißend vor JHWH her – (aber) nicht im Sturm war JHWH.
> Und nach dem Sturm ein Erdbeben – (aber) nicht im Erdbeben war JHWH.
> Und nach dem Erdbeben ein Feuer – (aber) nicht im Feuer war JHWH.
> Und nach dem Feuer *qol d^e^mama daqqa*.« (1 Kön 19,11f.)

Die hebräische Wendung *qol d^e^mama daqqa* ist in ihrer Einmaligkeit kaum übersetzbar. Offensichtlich bezeichnet sie die Ruhe nach dem Sturm (vgl. Ps 107,29; Hi 4,16). Das

---

[9] Siehe dazu *E. Würthwein*, Die Bücher der Könige. 1. Kön 17–2. Kön 25, ATD 11,2, Göttingen 1984, 229f., und *R. Albertz*, Elia. Ein feuriger Kämpfer für Gott, BG 13, Leipzig 2006, 139ff.

[10] *H. Seidel* (Das Erlebnis der Einsamkeit im Alten Testament, ThA XXIX, Berlin 1969, 78) betont in diesem Zusammenhang die besondere Erfahrung der »Einsamkeit Elias vor Gott auf dem Gottesberg«. Man könnte geradezu sagen, dass nach der lautstarken Theophanie die Stille zum Medium der Einsamkeit wird.

Nomen *d^emama* (abgeleitet von der Wurzel *damam* »schweigen, stumm sein, erstarren«)[11] verschließt mit dem doppelten Buchstaben *Mem* dem Sprecher bereits von seiner Phonetik her die Lippen. *Martin Buber* übersetzt die gesamte Wendung: »Und nach dem Feuer eine Stimme verschwebenden Schweigens.«[12] Hier ist geradezu mit Händen zu greifen, wie ein israelitischer Erzähler dem lautstarken und spektakulären kanaanäischen Erbe den Abschied gibt. Ja, mehr noch: Diese »Antitheophanie« des Schweigens und der Stille richtet sich nicht nur gegen das Kanaanäertum in Israel, sondern gegen das Kanaanäische in JHWH selbst. Denn er selbst hatte ja nach Ps 29 Baal den Rang abgelaufen, wenn es darum ging, sich donnernd zu Wort zu melden und auf den Götterthron zu setzen. Der JHWH von 1 Kön 19 macht eine Metamorphose vom stimmgewaltigen zum schweigenden, stillen Gott durch. In alledem, worin die Völker die Stimme ihrer Götter zu hören glaubten, in dem gewaltigen Getöse von Gewittertheophanien, in Sturm, Donner, Blitz und Beben, vermochte er, der Erzähler, JHWH, seinen Gott, nicht mehr zu hören.[13] Die Stimme JHWHs, des Gottes Israels – das ist das unerhört Neue an diesem Text – ergeht vielmehr in einem »verschwebenden Schweigen«, im Unhörbaren, in der Stille, bringt er sein Wort an den Propheten zu Gehör.

So, wie sich dieser anikonische Gott nicht ins Visuelle, ins Sichtbare, ins Bild zwingen lässt, er, JHWH, der Unsichtbare schlechthin (Ex 20,4-6; Dtn 5,8-10), so geht er auch nicht im Akustischen auf. Da mag der religiöse The-

[11] Vgl. *Gesenius*, Hebräisches und Aramäisches Handwörterbuch über das Alte Testament, Lief. II, Berlin u. a. [18]1995, 255 und *A. Baumann*, Theologisches Wörterbuch zum Alten Testament, ThWAT II, Stuttgart u. a. 1977, 277-283.

[12] *M. Buber*, Die Schrift. Bd. II Bücher der Geschichte, Heidelberg [7]1979, 406.

[13] In diesem Sinne deutet auch *J. Jeremias*, Theophanie (Anm. 6), 112-115, die Theophanie vom Kommen JHWHs in der Stille.

aterdonner, das Lärmen der kosmischen Gewalten auch noch so gewaltig schallen, nicht im Hörbaren, sondern – so paradox das klingen mag – aus dem Unhörbaren, aus dem Schweigen und der Stille heraus spricht Gott. Warum ist das so? Das Visuelle und das Akustische, das Bild und der Schall, der Laut und das Wort gehören zur Welt des Erschaffenen, sind Werke des Schöpfers oder seiner Geschöpfe. Doch wie alles Geschaffene sind sie endlich und begrenzt. Nur der Schöpfer selbst ist unendlich, ewig und unbegrenzt. *Finitum non capax infiniti.* Das Endliche, der Lärm der Natur und des Menschen, vermag den unendlichen Gott nicht zu fassen. Nicht im Lärm der Zeit, sondern aus der Stille der Ewigkeit ergeht sein Wort. Er selbst, Gott, ist nicht die Stille, aber die Stille ist sein Ort, an dem und in dem er begegnet.

Diese Metamorphose JHWHs zu einem Gott, der aus der Stille heraus agiert, mag für manch einen an den kanaanäischen Götterlärm gewohnten Israeliten eine epochale Provokation gewesen sein, die sich vielleicht nur mit der Provokation des amerikanischen Komponisten *John Cage* vergleichen lässt und seiner aus drei Sätzen bestehenden Komposition »Four minutes, thirty-three seconds«. Der Titel gibt die Aufführungsdauer bei der Uraufführung des Stückes wieder. Die gedruckte Partitur, in der keine Note verzeichnet ist, enthält drei Sätze, von denen jeder Satz mit *»tacet«* überschrieben ist, der einzigen Anweisung, die der Komponist den Aufführenden gibt. Während des gesamten Stückes ist vom Orchester kein Ton zu hören. Was die Musiker aufführen, das ist die Stille selbst. Die Stille, die sonst von der Musik überspielt wird? Was ist Stille? Ist sie eine Voraussetzung, aus der Musik überhaupt erst hervorgehen kann und in die sie mündet? Gehört nicht die Stille zur Musik wie der Abend zum Morgen? Man denke nur an die wirkungsvoll eingesetzten Generalpausen in Bachs Orgelwerk oder in den Oratorien. Was ist Musik? Ist sie eine Antwort auf die Stille, Zwiesprache mit der Stille, ihre Auslöschung oder Vorbereitung auf die große Stille danach? Vielleicht waren es solche Fragen, die *John Cage* in den »Hörern« des trinitarischen *»tacet«* wecken wollte. Fragen, die jenseits aller Scharlatanerie liegen, weil sie vom Physischen ins Metaphysische verweisen.

Uns kann es dazu anregen, der Frage weiter nachzugehen, was es mit dem »verschwebenden Schweigen« auf sich hat, in dem Elija seinem Gott begegnete. War diese Stille eine Antwort auf die Klage des Propheten? War sie Voraussetzung für die Sendung des Propheten, Vorbereitung auf das Reden Gottes?[14] Und was ist die Stille eigentlich anderes, als die notwendige Voraussetzung für das aufmerksame Hören? Ist nicht das Misslingen der Kommunikation immer wieder in der Unfähigkeit zu schweigen und zunächst einmal zu hören begründet? Saß dieser Prophet nicht immer noch im Kerker seiner lauten Klagen, mit denen er sich selbst das Ohr für den Gott verstopfte, der in der Stille spricht? Musste er erst durch die Stille aufs Hören eingestimmt werden?

Für die Psalmenbeter Israels hatten Stille und Schweigen ein doppeltes Gesicht. Sie konnten der Ort von Verstörung und Beglückung, Gefährdung und Bewahrung, Lob und Klage, Tod und Leben sein. Sie kannten die Nacht- und die Tagseite der Stille und wussten zwischen beiden zu unterscheiden.

4. Von der Klage des Menschen und vom Schweigen Gottes

Immer wieder wurde das Schweigen Gottes als Ausdruck der Verlassenheit, der Gottesferne und elementarer Bedrohungen empfunden. Erstmalig begegnet in Ps 28,1 der notvolle Ruf eines Beters, der sich durch den gesamten Psal-

---

[14] Zum vorbereitenden Schweigen im Kult siehe aus religionsphänomenologischer Sicht *G. Mensching*, Das Heilige Schweigen. Eine religionsgeschichtliche Untersuchung, Gießen 1926, 13ff.

ter zieht (vgl. Ps 35,22; 39,13; 83,2; 109,1): *al-tächᵃrasch* – »schweige nicht«, Gott. Wörtlich übersetzt ist da zu lesen:

> »*Zu dir hin*, JHWH, rufe ich
> mein Fels, schweige nicht *weg von mir*
> damit du nicht verstummst *fern von mir*
> und ich denen gleiche, die hinabsteigen in die Grube.«
> (Ps 28,1)[15]

Eindringlich bittet der Beter, seine Zuwendung zu Gott nicht mit schweigender Abwendung zu quittieren. Das Schweigen ist hier Ausdruck einer bedrückenden, beklagenswerten Beziehungsstörung. Da ringt einer um die Aufhebung der Sprachlosigkeit, die zwischen ihm und seinem Gott liegt. Je mehr er sich ihm zuwendet, ihn mit seinen Klagen bedrängt, nach seinem Ort sucht, umso weiter scheint Gott sich von ihm zu entfernen. Es geht um das Schweigen als Verweigerung von Kommunikation. Und das ist tödlich, kommt einem Abstieg in die Grube gleich, dem sozialen Tod. Am Schweigen sterben nicht nur Beziehungen, an ihm und in ihm sterben Menschen.

Das dem Stauferkaiser Friedrich II. zugeschriebene Experiment zur Erforschung der menschlichen Urspache spricht – auch wenn seine Historizität nicht wirklich verbürgt ist – für sich. Er soll mehrere Säuglinge einem absoluten Schweigen unterworfen haben. Sie starben. Der Franziskanermönch Salimbene von Parma schreibt dazu: »Sie

[15] Von den meisten Auslegern wird das doppelte *mimmänni* »weg von mir« in Ps 28,1 im kausativen Sinn mit »meinetwegen« übertragen. Dabei sieht sich der Beter als Verursacher des Schweigens JHWHs. Da das erste Bikolon aber durch die Richtungspräposition *äl* »hin/zu« eingeleitet und die Präposition *min* abgeschlossen wird, liegt es nahe, dieses im Sinne eines antithetischen *parallelismus membrorum* zu deuten. Der Beter wendet sich JHWH zu, und bittet diesen, sich nicht länger von ihm abzuwenden. In diesem Sinne wird der Text auch durch die Einheitsübersetzung und *H.-J. Kraus* (Psalmen I, BKAT XV, Neukirchen-Vluyn ³1966, 228) übertragen: »Wende dich nicht schweigend ab von mir.«

vermochten nicht zu leben ohne das Händepatschen und das fröhliche Gesichterschneiden und die Koseworte ihrer Ammen und Näherinnen.«[16]

Das Schweigen als Beziehungsabbruch ist also eine Larve des Todes. In unserer Psalmenklage verliert die Grabesruhe daher ihr tröstliches Moment. Schweigen, das heißt hier Abgeschnittensein von Gott. Und Abgeschnittensein von Gott, das bedeutet das Ende. So kann das hebräische Nomen *dumah* »Schweigen, Stille« geradezu zur Metapher für die Totenwelt selbst werden.

> »Nicht die Toten loben JH(WH)
> und keiner von allen, die hinabsteigen in das Schweigen.« (Ps 115,17)

> »Wäre JHWH nicht meine Hilfe,
> bald schon hätte (den Ort des) Schweigen(s) meine Seele bewohnt.« (Ps 94,17)

Und in Ps 31,18 heißt es dann ausdrücklich:

> »JHWH, lass mich nicht zuschanden werden, denn ich habe dich gerufen.
> Zuschanden werden sollen die Übeltäter, abschweigen zur *Sch^eol*.« (Ps 31,18)

Eine Analyse dieses kunstvoll gestalteten antithetischen Zweizeilers ist aufschlussreich. Sein erstes Wort ist der Gottesname JHWH, das letzte Wort das Nomen *Sch^eol* »Totenwelt«. Beide, JHWH und die Scheol stehen in einem unüberbrückbaren Gegensatz. Von JHWH kommt der Beter her. Auf die Totenwelt gehen die Übeltäter zu. Die Rettung des Beters wird mit seiner Bemühung um Kommunikation mit Gott begründet: »Ich habe dich gerufen.« Der Untergang der Frevler endet im Kommunikationsabbruch. Sie sollen schweigend der Totenwelt anheimfallen.

---

16 Zitiert nach *D. E. Zimmer*, So kommt der Mensch zur Sprache, München ²1986, 7f.

Mit *Eberhard Jüngel* ist festzuhalten, dass der Tod das Fazit »des Dranges in die Verhältnislosigkeit« ist.[17] Und wenn dies schon im Verhältnis zwischen Mensch und Mitmensch so ist, um wie viel mehr wird es dann im Gottesschweigen um Tod oder Leben gehen? Auf diese Weise konnten das Schweigen und die Stille zum Ausdruck elementarer Klage und Trauer über die Übel und die Übeltäter werden, die der Welt des Todes bereits mitten in der Welt der Lebenden einen Platz bereiten.[18] Im Schweigen Gottes angesichts von Schmerz und Unrecht wohnt ein angefochtener Glaube, dem es selbst zunächst die Sprache verschlägt. So ist am Eingang der großen Vergänglichkeitsklage von Ps 39, die durch den Anblick des Treibens der Verbrecher ausgelöst wurde, zu lesen:

> »Stumm bin ich geworden – Stille,
> geschwiegen habe ich, fern vom Guten,
> aber mein Schmerz ist quälend.« (Ps 39,3)

Da ist einer, der all das Unrecht mit zusammengepressten Lippen mit angesehen hat, so lange, bis er schließlich nicht mehr zu schweigen vermag:

> »Entbrannt ist mein Herz in meinem Inneren,
> in meinem Grübeln brennt Feuer,
> da redete ich mit meiner Zunge.« (Ps 39,4)

Der Glaube, auch der angefochtene Glaube, macht sich nicht fest im Schweigen Gottes. Er durchbricht es, er redet, klagt und bittet gegen das Schweigen, weil er letztlich aus der Hoffnung lebt:

> »Unser Gott kommt und schweiget nicht!« (Ps 50,3)

Die Durchbrechung des Schweigens in einer gewaltigen Gewittertheophanie markiert in Ps 50 Gottes Kommen zum

---

[17] *E. Jüngel*, Tod, Stuttgart 1971, 99.

[18] Vgl. dazu *N. Lohfink*, Enthielten die im Alten Testament bezeugten Klageriten eine Phase des Schweigens?, VT 12, 1962, 260-277.

Gericht. Der Richter kommt aber nicht, um zu vernichten, sondern um geschehenes Unrecht zurechtzubringen, um den in der Verhältnislosigkeit verharrenden, verstockten und verbockten Menschen wieder ins rechte Verhältnis zu sich selbst, zu seinen Mitmenschen und zu Gott zu setzen. Bei allem Ernst, den die Psalmbeter Israels mit der Herbeirufung Gottes als Richter, der nicht länger schweigen, sondern reden möge, verbinden – es geht nicht im vordergründigen Sinne um Abschreckung durch Strafe, um Angst- und Panikmache, um die Beschwörung apokalyptischer Szenarien. Gott, der Richter, ist für Israel nicht der große Angstmacher gewesen. Zentral für die Gerichtshoffnung Israels ist vielmehr der Gedanke der Wiederherstellung der gestörten Weltordnung.[19] Gott kommt und richtet die Welt, um sie zurechtzubringen. Das aber ist eine Aufgabe, die nicht allein Gott, sondern auch dem Menschen, vornehmlich dem König und den Regierenden, aufgetragen bleibt, eine Aufgabe, mit der Gott sie allerdings nicht alleine lässt, auch und gerade weil der Mensch daran immer wieder scheitert.

Der Arzt und Dichter *Hans Graf von Lehndorff*, der das Inferno des Untergangs von Königsberg im Januar 1945 als Zusammenbruch einer lauten Welt des Verbrechens erlitten und erbeten hat, gab diesem Gedanken in seinem ursprünglich als Adventslied entworfenen Vers einen kongenialen, bleibenden Ausdruck:

»Komm in unsre laute Stadt,
Herr, mit deines Schweigens Mitte,
dass, wer keinen Mut mehr hat,
sich von dir die Kraft erbitte
für den Weg durch Lärm und Streit
hin zu deiner Ewigkeit.«[20]

---

[19] *J. Assmann/B. Janowski/M. Welker*, Richten und Retten. Zur Aktualität der altorientalischen und biblischen Gerechtigkeitskonzeption, in: *B. Janowski*, Die rettende Gerechtigkeit. Beiträge zur Theologie des Alten Testaments 2, Neukirchen-Vluyn 1999, 220-246.

[20] Evangelisches Gesangbuch, 428,3.

5. Lob der Stille

Diese niemals aufgegebene Hoffnung auf das Kommen Gottes und das Durchbrechen seiner Schweigsamkeit, seiner heilenden Stille, macht deutlich, dass die Beter Israels zwischen der Stille als einem *Ort* Gottes und seinem Schweigen selbst zu unterscheiden wussten. Wenn Gott schwieg, wenn alle Verbindung zu ihm abgebrochen schien, dann griff die Anfechtung nach dem Glauben, dann verwandelte sich die gute Schöpfung in einen Ort des Todes. Doch es gibt auch einige Psalmenverse, die die Stille als einen unerschütterlichen Ort des Gottvertrauens und der Hoffnung besingen.

> »Ja, *zu* Gott hin ist stille meine Seele.
> *Von* ihm her kommt meine Rettung.[21]
> Ja, er ist mein Fels und meine Rettung,
> meine Burg, dass ich nicht heftig wanke.« (Ps 62,2-3)

Dieser Kehrvers aus Ps 62 misst den Raum der Stille als Gelände aus, in dem sich Gott und Mensch aufeinander zubewegen. Er, der Mensch, ist mit seiner *näphäsch*, seiner »Kehle« und »Seele« – beides kann dieses Wort bedeuten[22] –, also mit seiner die gesamte Person in ihrer Vitalität und Bedürftigkeit umfassenden Existenz, auf dem Wege *hin zu Gott*. Doch diese Bewegung auf Gott zu lebt aus der Gewissheit einer Gegenbewegung: *Von ihm her* kommt meine Rettung. Wo Gott und Mensch nicht auseinanderfallen, sich nicht in schweigender Verhältnislosigkeit verlieren, wo sie sich aufeinander zubewegen, da begegnen sie sich im Raum der Stille. Da findet die aufgewühlte Seele des Beters Ruhe und Zuversicht. Und dieser Raum, der ja nichts anderes als der Ort Gottes ist, wird gleich mit einer ganzen Reihe von Metaphern (Fels, Rettung, Burg) zu ei-

---

[21] Vgl. zum Gebrauch der beiden Richtungspräpositionen *äl* und *min* Anm. 15.

[22] Siehe *H. W. Wolff*, Anthropologie des Alten Testaments, München 1973, 25ff.

nem unerschütterlichen Schutzraum des Beters erklärt. Gott selbst wird zum Ort der Stille und des Schutzes, zum Fels, auf den man bauen kann. Aus dieser Einsicht heraus ist es dann nur noch ein kleiner Schritt hin zu der Erkenntnis, die in Ps 65 festgehalten wird:

> »Für dich ist (die) Stille ein Lobgesang, Gott, in Zion.
> Und dir gelobt man Gelübde.
> Der (du) das Beten erhörst,
> zu dir hin kommt alles Fleisch.« (Ps 65,2-3)

Mit dem Zion wird auf den Tempel verwiesen, in dem selbst noch die Stille zum Lobgesang wird. Das kultische Schweigen ist Ausdruck der Gegenwart Gottes,[23] bei dem sich die Gläubigen versammeln. Da wird die Stille zu einem Bestandteil des Gottesdienstes im Jerusalemer Heiligtum, ebenbürtig dem Lobgesang und dem Gelübde. Ort, an dem auch das stille Gebet Erhörung findet.

Allein dieser Psalm wäre Grund genug, über unsere Kirchen und Gottesdienstlandschaften, unsere Liturgie neu nachzudenken.[24] Welches Gewicht haben das Schweigen und die Stille in ihnen? Bereits 1946 stellte *Friso Melzer* angesichts der Bedeutung der Stille in der römisch-katholischen Gottesdienstpraxis die eindringliche Frage: »Bei uns aber [im evangelischen Gottesdienst, Zus. R. L.] muß immerfort etwas geschehen, was die Aufmerksamkeit der Gläubigen fordert. Wo aber darf er ausruhen, hingegeben knien und einfach nichts tun als schweigen?«[25] Sicher, seit-

---

[23] Vgl. dazu *R. Lux*, »Still alles Fleisch vor JHWH…«. Das Schweigegebot im Dodekapropheton und sein besonderer Ort im Zyklus der Nachtgesichte des Sacharja, in: Ders., Prophetie und Zweiter Tempel. Studien zu Haggai und Sacharja, FAT 65, Tübingen 2009, 180-190.

[24] Siehe dazu für den katholischen Raum *J. Hennig*, Formen des heiligen Schweigens, LJ 19, 1969, 166-177, und *M. Kunzler*, Der Verlust der Stille, LJ 52, 2002, 158-183.

[25] *F. Melzer*, Unsere Sprache im Lichte der Christus-Offenbarung, Tübingen 1946, 200.

her hat sich in dieser Hinsicht manches auch im evangelischen Gottesdienstleben getan. Mir scheint aber, dass der Trend zu vermehrten Gottesdiensten mit Eventcharakter ungebremst ist, eher zu- als abnimmt.

Stehen damit nicht auch wir in der Gefahr, die Stille als einen Ort Gottes mit unserem Lärmen zu überspielen? Ist das wirklich unsere Aufgabe, mitzulärmen in der lauten Stadt? Haben wir kein Zutrauen mehr zur Gegenkultur des Schweigens und der Kraft, die aus ihr erwachsen kann? Wie weit ist sie verbreitet, die Furcht unter uns und in uns selbst, wir würden nicht mehr gehört, wenn wir uns nicht laut, vielleicht sogar noch ein wenig lautstärker als die anderen zu Wort melden?

Ja, kommt es denn darauf an, fragt uns der Dichter des 65. Psalms, dass *wir* gehört werden? Es könnte wohl viel Gelassenheit in unsere Kirche einziehen, wenn wir von den Psalmbetern Israels wieder lernen würden, dass es zunächst einmal gar nicht so wichtig ist, dass wir im Lärm der Welt gehört werden, sondern dass Er es ist, der Gott Israels und Vater Jesu Christi, der uns hört. Er, dem selbst die Stille noch ein Lobgesang ist? Es ist wohl eine Aufgabe, die wir erst noch vor uns haben, diesen Ort der Stille als Ort Gottes und des Gottesdienstes für uns neu auszumessen.

Wie heilsam das sein kann, wenn wir von Zeit zu Zeit das große Lärmen hinter uns lassen, um beim Gott der Stille, an seinem Ort Einkehr zu halten, das hat der Dichter – oder in diesem Falle muss man wahrscheinlich sagen: die Dichterin – von Ps 131 unvergleichlich ins Bild gesetzt.[26] Mit diesem Psalm verabschieden sich die Beter Israels aus der Welt der Groß- und Wichtigtuer, der Schreihälse mit

[26] Vgl. zu diesem Psalm *E. Zenger* in *F. L. Hossfeld/E. Zenger*, Psalmen 101-150, HThKAT, Freiburg 2008, 595-610. Selbst wenn sich nicht mit Sicherheit sagen lässt, ob der Psalm aus der »Feder« einer Frau stammt, so kann man doch ohne Zweifel sagen, dass es sich um ein »Frauenlied« handelt, das vom Vf. oder der Vfn. einer Frau in den Mund gelegt worden ist (*E. Zenger*, a.a.O. 602).

ihrer Kultur des Lärms. Und was sie dabei finden, das ist die Kultur der Stille, ja mehr noch, der Stillung all ihres Verlangens und Begehrens. Hier erklärt eine Gottespoetin, eine Mutter aus Israel, JHWH selbst zur großen Nähr- und Stillmutter des Lebens, die allen Jammer, alles Laute, Fordernde und Drängende zur Ruhe bringt.

> »JHWH, mein Herz ist nicht hoffärtig,
> und meine Augen sind nicht stolz.
> Ich gehe nicht um mit großen Dingen,
> die mir zu wunderbar sind.
>
> Führwahr, meine Seele ist still und ruhig geworden
> Wie ein kleines Kind bei seiner Mutter;
> Wie ein kleines Kind,
> so ist meine Seele in mir.
>
> Israel hoffe auf JHWH
> von nun an bis in Ewigkeit.«

Eberhard Jüngel ist in einer aufmerksamen Auslegung der Metaphorik dieses Psalms nachgegangen, der das Gott-Mensch-Verhältnis als Mutter-Kind-Beziehung besingt: »...das gestillte Kind ist ganz bei ihr, nun wirklich in einem ganz unvergleichlichen Sinne anspruchslos. Es hat ja nun alles, was es braucht. Es ist zufrieden. So ist es ganz bei der Mutter und freut sich ihrer. Und nur so, so aber ist es ungestört ganz bei sich selbst.«[27] Die Bedeutung dieses Psalms für das biblische Gottes- und Menschenbild ist gar nicht hoch genug einzuschätzen. Das lautstarke Menschlein, das nach Gott schreit wie nach einer stillenden Mutter, findet bei ihm Stille und Stillung seines Verlangens. Und nur so, im großen Du der Stille, findet es sich selbst.

---

[27] *E. Jüngel*, Psalm 131, in: *J. Roloff/H. G. Ulrich* (Hg.), Einfach von Gott reden. Ein theologischer Diskurs, FS F. Mildenberger, Stuttgart 1994, 242.

Hiob – Grenzgänger des Glaubens

Vom Umgang mit Leid und Schmerz in der Bibel Israels*

1. Bonze Schweig und die schlechte Welt

»Hier auf dieser Welt machte Bonze Schweigs Tod gar keinen Eindruck! Man kann lange fragen, wer Bonze Schweig war, wie er lebte, woran er starb: ob ihm das Herz barst, ob ihm die Kräfte ausgingen, ob ihm unter einer schweren Last das Rückgrat brach… Wer weiß es? Vielleicht starb er gar vor Hunger… Wenn ein Trambahnpferd stürzt, macht das schon viel mehr Eindruck: Die Zeitungen berichten darüber, Hunderte von Menschen rennen aus allen Gassen herbei, um das gestürzte Pferd oder wenigstens die Stelle, wo sich der Unfall ereignete, zu sehen... Doch auch dem Trambahnpferd würde diese Ehre nicht zuteil, wenn es ebenso viele Millionen Trambahnpferde gäbe wie Menschen.
Bonze hat still gelebt und ist still gestorben. Wie ein Schatten glitt er durch unsere Welt.
Bei Bonzes Beschneidungsfeier trank man keinen Wein, klirrten keine Becher. Bei seiner Bar Mizwa hielt er keine wohlgesetzte Rede… Er lebte wie ein farbloses Sandkörnchen am Meeresufer unter Millionen seinesgleichen. Und als der Wind das Sandkörnchen aufhob und zum anderen Ufer des Meeres hinübertrug, merkte es niemand.
Solange er lebte, blieb nicht eine Spur seiner Füße im Straßenschmutz. Und als er in der Erde lag, warf der Wind die kleine Holztafel auf seinem Grabe um. Die Frau des Totengräbers fand das Brettchen später weit vom Grab entfernt, machte Feuer damit und kochte darauf ihre Kartoffeln… Drei Tage nach Bonzes Tod wusste der Totengräber nicht mehr, wo er ihn beerdigt hatte!
Hätte Bonze ein richtiges Grabmal gehabt, so wäre es möglich, dass hundert Jahre nach seinem Tode Altertumsforscher den Grabstein gefunden hätten; dann wäre Bonze Schweigs Name noch einmal in unserer Luft erklungen.

---

* Vortrag im Rahmen der Tagung »Schmerz als Grenzerfahrung« vor der Evangelischen Forschungsakademie der UEK im Januar 2011 sowie auf mehreren Pfarrkonventen.

Ein Schatten! In keinem Menschenherzen, in keinem Menschenhirn blieb Bonze Schweigs Bild zurück. Nichts erinnert an ihn.

Elend gelebt, elend gestorben.«[1]

Mit diesem Vergänglichkeits- und Nichtigkeitsbild stellt uns der jiddische Schriftsteller *Izchok Lejb Perez* seinen jüdischen Hiob vor Augen. Die 1894 entstandene Erzählung Bonze Schweig wurde zu einem Schlüsseltext für die jüdische Hiobrezeption im 20. Jahrhundert.[2] Perez, der als russischer Beamter auf vielen Inspektionsreisen durch die Provinz die bittere Armut, das Leid und den Schmerz der russischen Juden im »Schtetl«[3] kennengelernt hatte, setzte den unzähligen namenlosen Juden mit Bonze Schweig ein Denkmal. Ganz bewusst knüpft er damit an das biblische Hiobbuch an. Auch er lässt die Erzählung auf zwei Ebenen spielen, auf der Erde und im Himmel. Und doch ist Bonze Schweig eine Hiobsgestalt ganz anderer Art. Die Erzählung setzt da ein, wo das Hiobbuch endet, mit dem Tod Bonzes. Das Ergebnis des irdischen Lebens von Bonze Schweig wird in den Worten zusammengefasst. »Elend gelebt, elend gestorben.« Das Hiobbuch hingegen endet in einer Familien- und Wohlstandsidylle:

»Der Herr aber segnete die spätere Lebenszeit Hiobs mehr als seine frühere. Er besaß vierzehntausend Schafe, sechstausend Kamele, tausend Joch Rinder und tausend Esel. Auch bekam er sieben Söhne und drei Töchter. Die erste nannte er Jemima (Täubchen), die zweite Kezia (Zimtblüte) und die dritte Keren

[1] *J. L. Perez*, Baal Schem als Ehestifter und andere Erzählungen, Berlin 1969, 279f.

[2] Vgl. dazu *G. Oberhänsli-Widmer*, Hiob in jüdischer Antike und Moderne. Die Wirkungsgeschichte Hiobs in der jüdischen Literatur, Neukirchen-Vluyn 2003, 186-205.

[3] *M. Zborowski* und *E. Herzog* haben mit dem Buch »Das Schtetl. Die untergegangene Welt der osteuropäischen Juden« (München [2]1991) eine überaus lesenswerte Kulturgeschichte dieser ganz eigen geprägten jüdischen Lebenswelt vorgelegt, die auf eigener Anschauung und zahlreichen Selbstzeugnissen basiert.

Happuch (Schminkhörnchen). Man fand im ganzen Land keine schöneren Frauen als die Töchter Hiobs, ihr Vater gab ihnen Erbbesitz unter ihren Brüdern. Hiob lebte danach noch hundertvierzig Jahre; er sah seine Kinder und Kindeskinder, vier Generationen. Dann starb Hiob, hochbetagt und satt an Lebenstagen.« (Hi 42,12-17)

Was für ein Unterschied zu Bonze Schweig. Bereits am Anfang des Hiobbuches ist ja davon die Rede, dass Hiob größer und bedeutender gewesen sei als alle Söhne des Ostens (Hi 1,3). Hiob hat weder durchweg elend gelebt, noch ist er elend gestorben. Er erfuhr nur zeitweise den Einbruch des Bösen in sein Leben. Für ihn, den Angehörigen der reichen Oberschicht, stellt das Leiden eine Glaubensprobe, eine Versuchung dar, die sich nach erfolgreich bestandener Bewährung in Wohlgefallen auflöst. Hiobs Lebenswelt ist daher trotz des Einbruchs von Unglück, Krankheit und Tod gleichsam vom Guten umfangen.

Ganz anders dagegen der ostjüdische Hiob, Bonze Schweig. Für ihn ist das irdische Leben selbst eine einzige, unaufhebbare Tragödie und Erfahrung des Bösen. Für Menschen wie Bonze, die am untersten Rand der Unterschicht vegetieren, gibt es keinerlei Hoffnung auf einen Sieg gegen die Übel der Welt, auf irdische Gerechtigkeit. Das Leiden hat sie wie einen räudigen Hofhund an eine Kette gelegt, ohne jemals davon loszukommen, es sei denn durch den Tod. Diese Differenz zwischen dem biblischen Hiob und dem ostjüdischen Hiob hat offensichtlich Folgen für den Umgang beider mit Schmerz, Leid und persönlichen Katastrophen.

Bereits der Name des ostjüdischen Hiob, Bonze Schweig, ist ein narratives Programm. Bonze *schweigt* zu allem, was ihm widerfährt. Er trägt, duldet, erleidet, nimmt jede Erniedrigung, jedes Unrecht, jeden Schmerz widerspruchslos hin. Auflehnung gegen das Böse kommt in seiner Welt nicht vor. Warum? Weil die Welt selbst das Böse ist. Also doch keine gute Schöpfung? Welchen Sinn sollte die Auflehnung gegen das Übel haben, wenn dieses der Dauer- und Normalzustand der Welt und des Lebens ist? Wäre das nicht so, als wolle der Mensch gegen die Luft protestieren, die ihn umgibt? So wie er diese einatmen muss, ob er will oder nicht, so muss er jenes schlucken. Ist daher gegen das Leid im Leben, in dieser Welt, doch kein Kraut gewachsen?

2. Lebens- und Überlebensstrategien im Leid

Im Folgenden beschäftige ich mich nicht mit den komplizierten Fragen der Entstehung des Hiobbuches, an dem mehrere Autoren gearbeitet haben, bis es wahrscheinlich im 5. oder 4. Jh. v. Chr. seine heute vorliegende Gestalt gewonnen hat.[4] Ich gehe von der allgemein anerkannten Einsicht aus, dass eine Rahmenerzählung (Hi 1,1–2,10; 42,10-17) um eine umfangreiche Dialogdichtung gelegt worden ist (Hi 3,1–42,6), die an den Nahtstellen in Hi 2,11-13 und 42,7-9 durch die Ein- und Ausführung der Freunde miteinander verknüpft worden sind. Uns interessiert das Hiobbuch in seiner literarischen Endgestalt.[5] Welche Strategien gegen das Leid werden in ihm durchgespielt?

---

[4] Vgl. dazu die lesenswerte Studie von *M. Köhlmoos*, Das Auge Gottes. Textstrategie im Hiobbuch, FAT 25, Tübingen 1999, und zuletzt die aufschlussreiche Arbeit von *R. Heckl*, Hiob – vom Gottesfürchtigen zum Repräsentanten Israels, FAT 70, Tübingen 2010. Darin hat Heckl den Nachweis geführt, dass die in Hi 3,1–42,6 vorliegende Dialogdichtung der ältere Teil des Buches ist, der erst später durch die Erzählung in Hi 1–2 und 42,7-17 gerahmt wurde.

[5] Zu den unterschiedlichen Ansätzen, das Hiobbuch in seiner Ganzheit wahrzunehmen, siehe auch *M. Oeming/K. Schmid*, Hiobs Weg. Stationen von Menschen im Leid, BTHSt 45, Neukirchen-Vluyn 2001. Eine beeindruckende Analyse des Gesamtbuches aus literaturwissenschaftlicher Sicht findet sich in dem um vier exegetische Exkurse erweiterten Essay von *G. Kaiser/H.-P. Mathys*, Das Buch Hiob. Dichtung und Theologie, Berlin 2010.

2.1. Kult und Sprache

Der biblische Hiob kennt eine Fülle von Heilmitteln, die gegen Leid und Schmerz ihre Wirkung zeigen. Und er weiß sie nicht allein für sich, sondern auch für seine leichtlebigen Kinder einzusetzen. Um Unheil von ihnen und von sich abzuwenden, ließ er sie regelmäßig nach ihren Festgelagen zu sich kommen, heiligte sie und brachte für sie Sühnopfer dar. Hier tritt uns ein besorgter Vater vor Augen, dem nicht nur am leiblichen Wohl seiner Kinder, sondern auch an deren Gottesbeziehung gelegen war. Um diese intakt zu halten, bedient er sich des Opferkultes. Der biblische Hiob bringt tatsächlich Opfer für das religiöse Leben seiner Kinder. Der Kult wird als Instrument gegen drohendes Übel eingesetzt, das von Gott als Strafe verhängt werden könnte. Denn als Ursache des potenziellen Unheils diagnostiziert er eine mögliche Störung der Gottesbeziehung seiner Söhne:

> »Vielleicht haben meine Söhne gesündigt und Gott geflucht in ihrem Herzen.« (Hi 1,5)

Nicht die fröhlichen Gelage der Kinder als solche, bei denen wohl auch reichlich Wein floss (Hi 1,13), waren das Anstößige. Sie werden mit keinem Wort verurteilt. Die eigentliche Einbruchstelle des Übels sah Hiob in einem möglichen Wortgeschehen, einer Sprachsünde. Er fürchtete, seine Söhne könnten Gott verflucht und eben nicht gesegnet bzw. gelobt und gepriesen haben.

Das wird durch die euphemistische Verwendung der hebräischen Wurzel *barach* signalisiert, die hier erstmalig im Hiobbuch begegnet. Wenn Gott das Subjekt von *barach* ist, dann hat sie die Bedeutung »segnen«, ist der Mensch Subjekt, dann die Bedeutung »loben/preisen«. Aktion Gottes und Reaktion des Menschen werden durch ein und dasselbe Verb zum Ausdruck gebracht. Nur wenn beide einander entsprechen, wenn Gott segnet und der Mensch ihn lobt und preist, ist die Welt in Ordnung, bleibt für Leid und Schmerz kein Raum. Hiob fürchtet also, seine Söhne könnten auf die *actio* Gottes, den reichen Segen, den sie von ihm empfangen haben, nicht mit der entsprechenden *reactio* geantwortet haben, nämlich mit Lob und Dank. Und weil er gar nicht wagt auszusprechen, was er denkt und befürchtet, dass sie Gott geflucht haben könnten, deswegen verwendet er das Verb *barak* als Euphemismus.[6] Schon daran zeigt sich sein behutsamer Umgang mit der Sprache in religiösen Dingen.

Die Sprache ist ja eines der wichtigsten Medien, in denen Menschen ihrer Gottesbeziehung Gestalt geben. Um das Gleichgewicht zwischen dem Segen Gottes und dem Lobpreis des Menschen zu erhalten, um vermeintliche Störungen auszuschalten, bedient sich Hiob des Sühnopferkultes. Er soll die mögliche Sprachsünde gegen Gott heilen. Wie sehr dem Hiobbuch daran liegt, dass sich der Mensch mit seinem Munde nicht gegen Gott vergeht, dass das Medium der Sprache in der Gottesbeziehung unverletzt bleibt, wird am Ende des Prologs deutlich, der mit den Worten schließt:

> »In all dem sündigte Hiob nicht mit seinen Lippen.« (Hi 2,10)

Und schließlich wird der Zusammenhang von Kult und Sprache im Epilog des Hiobbuches wieder aufgenommen. Da begegnen noch einmal die drei Freunde Hiobs, deren Seelsorge an Hiob gescheitert war. An Elifas von Teman, der als Sprecher der drei fungiert, ergeht folgende Gottesrede:

> »Mein Zorn ist entbrannt gegen dich und deine beiden Gefährten; denn ihr habt nicht recht von/zu mir gesprochen wie mein Knecht Hiob. So nehmt nun sieben Jungstiere und sieben Widder, geht hin zu meinem Knecht Hiob und bringt ein Brand-

---

[6] Siehe dazu ausführlich *St. Schorch*, Euphemismen in der Hebräischen Bibel, Orientalia Biblica et Christiana 12, Wiesbaden 2000, 101f.

opfer für euch dar. Mein Knecht Hiob aber soll für euch Fürbitte einlegen. Denn sein Angesicht will ich erheben, damit ich an euch keine Dummheit tue, denn ihr habt nicht richtig von/zu mir geredet.« (Hi 42,7-8)

So wie Hiob für die vermeintlichen Sprachsünden seiner Söhne ein Brandopfer darbringt, so sollen jetzt auch die Freunde Hiobs für sich solche Brandopfer als Sühnopfer entrichten. Denn auch sie haben sich einer Sprachsünde gegen Gott schuldig gemacht. Der Sühnopferkult behält sein Recht. Zwar konnte er die Kinder Hiobs nicht vor dem Übel eines vorzeitigen Todes retten. Der Opferkult als solcher garantiert nicht das Leben und ist keine magische Rezeptur gegen das Leiden, aber er bleibt im Hiobbuch neben der Sprache ein legitimes Medium der Gottesbeziehung.[7]

Worin jedoch bestand nun die Sprachsünde der Freunde, die ein Sühnopfer erforderlich machte? Sie haben Gott ganz gewiss nicht verflucht, sondern in den Dialogen immer nur mit höchstem Respekt von ihm und seiner Gerechtigkeit geredet. Doch gerade darin wird ihre Sprachsünde offenbar. Nicht das, *was* sie gesagt haben, war falsch, sondern die *Sprechrichtung* stimmte nicht. Der, zu dem sie *über* Gott gesprochen haben, Hiob, war der falsche Adressat. Der Vorwurf Gottes an die Freunde, der traditionell mit den Worten übersetzt wird »ihr habt nicht recht *von* mir/*über* mich geredet«, sollte eher mit »ihr habt nicht recht/aufrichtig *zu* mir geredet« wiedergegeben werden. Da steht die hebräische Richtungspräposition *äl*, die ein Ziel im Auge hat.[8] Hat man das einmal erkannt, dann wird sofort deutlich, was die Freunde in ihrer Seelsorgepraxis falsch gemacht haben. Anstatt dem leidenden Hiob kluge Reden *über* Gott zu halten, hätten sie sich lieber

[7] Vgl. *R. Lux*, Der leidende Gerechte als Opfer und Opferherr in der Hiobnovelle, leqach 5, Leipzig 2004, 41-57.

[8] Vgl. dazu *M. Oeming* (Anm. 4), 135ff.

stellvertretend für den Leidenden *an* Gott selbst wenden sollen, um vor ihm als Fürbitter für Hiob tätig zu werden.[9] So kann die fromme, korrekte Rede über Gott zur Sprachsünde werden, wenn sie am falschen Ort, zur falschen Zeit und in der falschen Situation praktiziert wird. Angesichts des Leidens Unschuldiger ist für außen stehende Tröster die Fürbitte vor Gott immer noch die angemessenste Form der Seelsorge.[10] Diese aber sind die Freunde Hiob schuldig geblieben. Und daher sollen sie jetzt zu Hiob gehen und ihn darum bitten, er möge an ihnen und für sie das tun, was sie, die Freunde, ihm verweigert haben, nämlich Fürbitte für sie einlegen, damit Gott an ihnen keine *nebalah*, keine »Dummheit«, kein Unheil tut.

2.2. Gottvertrauen und Geduld

Im Falle der Kinder Hiobs hatte der Sühnopferkult des treusorgenden Vaters versagt. Der Leser erfährt nicht, warum das geschah. Er mag sich selbst seine Gedanken darüber machen, was seine Kinder vor Unglück und Leid bewahren kann und was nicht. Die Intention des Erzählers bestand nicht darin, in eine Erörterung über die ungeratenen Söhne Hiobs einzutreten. Das war nur ein untergeordnetes Nebenmotiv der Erzählung, das im Dienste ihres Hauptmotivs stand. Ihm ging es darum, seinen Lesern einen unschuldig Leidenden und Gerechten vor Augen zu malen und die Art und Weise, in der er sein Leid und seinen Schmerz bewältigte.

Mit dem Versagen des Sühnopferkultes sind Hiobs Reserven in der Abwehr von Leid noch lange nicht ver-

---

[9] Vgl. dazu auch *R. Lux*, Das Böse – warum lässt Gott das zu? Hiobs Fragen an den Gott, der der Allmächtige ist, in: Leben im Schatten des Bösen. Gespräche zu einer ungelösten Menschheitsfrage. Eine Vortragsreihe im Berliner Dom, Neukirchen-Vluyn 2004, 26-49.

[10] Zum Problem der Seelsorge im Hiobbuch siehe *T. Mickel*, Seelsorgerliche Aspekte im Hiobbuch. Ein Beitrag zur biblischen Dimension der Poimenik, ThA XLVIII, Berlin 1990.

braucht. Seine Gottesbeziehung erschöpfte sich nicht im Kult, sie war umfassender und stabiler. Und daher gab er nach den schweren Prüfungen, die ihm auferlegt worden waren, sich selbst und seinen Gott nicht auf. Die beiden Duldersprüche im Prolog machen deutlich, dass Hiob im Versagen der kultischen Vorsorge kein Versagen Gottes zu sehen vermochte. Daher deklamiert er:

> »Nackt kam ich aus dem Schoß meiner Mutter,
> nackt kehre ich dahin zurück.
> Der Herr hat gegeben, der Herr hat genommen;
> gelobt sei der Name des Herrn.« (Hi 1,21)

Und seiner ungeduldigen Frau, die den Schmerz des Mannes nicht länger mit anzusehen vermochte und die er deswegen als Närrin schilt, stellt der an Aussatz erkrankte Hiob die Frage:

> »Haben wir das Gute empfangen von Gott
> und sollten das Böse nicht auch annehmen?« (Hi 2,10)

Die kultische Strategie mag solange greifen, solange das Leid nur befürchtet wird, aber noch nicht eingetreten ist. Im Elend selbst wird das *kultische* Bemühen von Hiob durch eine explizit *theologische* Strategie abgelöst. Der Kult ist eine menschliche Bemühung, mit Gott in Kontakt zu treten, die Gottesbeziehung aufzunehmen und zu pflegen. Der Gott Hiobs aber ist durch keine menschliche Bemühung, auch durch Kult und Gebet nicht, zu bannen. Er ist unverfügbar, in seinem Handeln vollkommen frei, im Geben und Nehmen ebenso wie im Guten und Bösen. Hiob ist daher, indem er auch seine Schmerzen geduldig und voller Gottvertrauen auf sich nimmt, der unerschütterliche Anwalt der Freiheit Gottes. Gott lässt sich durch keinen auch noch so gut gemeinten oder prächtig inszenierten Opferkult in seinem Willen kaufen, manipulieren oder gar zwingen. Deswegen stellt Hiob die Freiheit Gottes über Gottes Gerechtigkeit.

Die Theodizee, die Rechtfertigung Gottes, als solche bereits ein Unternehmen menschlicher Hybris – wie könnte der Mensch denn jemals Gott rechtfertigen, das Geschöpf seinen Schöpfer? –, die Theodizee erfolgt bei Hiob durch den Verweis auf Gottes uneingeschränkte Freiheit. Gott ist gerecht, wenn und solange er frei ist.[11] Denn wäre Gott nicht frei darin, zu tun und zu lassen, was er will, dann wäre er nicht mehr Gott, sondern nur noch eine Marionette der kultischen Machenschaften des Menschen. Nur die Freiheit macht Gott zu Gott und nicht zum Knecht fremder Mächte. Nur als freier Gott ist er gerechtfertigt.

Wie lange aber lässt sich solch eine theologische Position durchhalten? Solange der Mensch darauf hoffen darf, dass seine Welt nicht die Welt des Bonze Schweig ist, dass das Leiden kein Dauer- und Normalzustand ist, sondern eine vorübergehende Prüfung, die ihm auferlegt worden ist. Und genau als solche werden ja in den berühmten Himmelsszenen (Hi 1,6-12; 2,1-7) die Leiden Hiobs auch dargestellt, als eine Prüfung seiner uneigennützigen Frömmigkeit. Für den Hiob der Rahmenerzählung stellt sich daher noch nicht die Frage: Warum das Leiden, der Schmerz und warum das alles ausgerechnet mir? Für ihn steht eher die Frage: Wie lange noch sollen sie währen (Hi 7,4; 19,2), und wann wird mir der freie, souveräne Gott wieder in seiner Güte und Barmherzigkeit begegnen?

Wer die Kraft hat, die Erfahrungen von Leid, dem jeder Mensch ausgesetzt sein kann, in ein gesegnetes Leben, eine gute Schöpfung zu integrieren, der überlässt den Weltübeln nicht das letzte Wort und erklärt sie nicht zum Ganzen der Wirklichkeit. Er respektiert sie als Teil-

---

[11] Dabei lässt sich aber zeigen, dass Gottes Freiheit gerade nicht zur Willkür degeneriert, sondern letztlich im Dienste des Lebens und der Erhaltung seiner Schöpfung steht (vgl. Hi 2,6 und die Gottesreden in Hi 38,1–41,26). Es ist eine gerichtete und keine beliebige Freiheit.

wirklichkeiten des Lebens, aber bestreitet ihnen jeglichen Anspruch auf Totalität.

2.3. Klage und Anklage

Selbst als Hiob angesichts des Übermaßes an Leiden mit seiner Geduld am Ende war, war er mit seinem Latein im Kampf gegen das abgrundtief Böse noch lange nicht am Ende. Das Schweigen des Bonze Schweig währte ein ganzes Leben, das Schweigen Hiobs sieben Tage, an denen er mit seinen solidarisch mitleidenden und mitschweigenden Freunden in der Asche saß und sich seine eitrigen Schwären kratzte (Hi 2,11-13). Doch als die sieben Tage vollendet waren, da war das Maß des Schweigens voll. Jetzt beginnt Hiob in einer ergreifenden Klage den Tag seiner Geburt und die Nacht seiner Empfängnis zu verfluchen (Hi 3). Wohlgemerkt, er verflucht nicht Gott! Seine Klage nimmt zunächst eine andere Richtung als die Klage der schlesischen Weber in Heinrich Heines gleichnamigem Gedicht, der die verzweifelten Rebellen deklamieren lässt:

> »Ein Fluch dem Gotte,
> zu dem wir gebeten
> In Winterskälte
> und Hungersnöten;
> Wir haben vergebens
> gehofft und geharrt,
> Er hat uns geäfft
> und gefoppt und genarrt –
> Wir weben, wir weben!«

Hiobs Fluch, der sein Leben so schnell dahinfahren sieht wie ein Weberschiffchen (Hi 7,6), richtet sich nicht gegen Gott, sondern gegen sich selbst. Die Verfluchung seines Geburtstages und seiner Zeugungsnacht stellt eine Selbstverfluchung seines elenden Geschicks dar. Er wünscht sich das Irreale schlechthin, die Rücknahme seiner Existenz, dies, dass es ihn gar nicht erst gegeben hätte. Gott möge ihn gleichsam aus dem Buch der Schöpfung und des Lebens streichen.[12] Besser gar nicht existiert haben als so dahinvegetieren müssen, wie er das musste; besser der endgültige Untergang im Chaos als dieses elende Leben im Kosmos; besser vom Dunkel verschluckt als von der Morgenröte und vom Licht des Tages ergriffen (Hi 3,6-9); besser ein Nichts, wie Bonze Schweig, eine verscharrte Fehlgeburt (Hi 3,16), von der keiner mehr etwas weiß, als einer, der zum Leiden geboren wurde, von unerträglichen Schmerzen zermürbt wird.

Aus dieser Klage Hiobs über sein Geschick geht – angestachelt durch die Freunde mit ihrem Beharren auf dem Tun-Ergehen-Zusammenhang, also darauf, dass Hiobs Leiden etwas mit seiner Lebensführung zu tun haben, dass er sich bewusst oder auch unbewusst irgend eines Vergehens schuldig gemacht haben müsse – schließlich eine scharfe, nicht zu überbietende Anklage Gottes hervor. Wird Gott bereits in Hi 3 der Vorwurf gemacht, dass die Welt *Hiobs* ein Chaos sei, dass da nichts mehr von Gottes wohlgeordnetem Lebenskosmos zu sehen ist, so spitzt er in den folgenden Erwiderungen an die Freunde seine Anklagen gegen Gott immer weiter zu. Sie gipfeln in der geradezu blasphemischen Behauptung Hiobs, dass Gott ihn zu seinem Feind erklärt habe, zu einer Zielscheibe, auf die er seine giftigen Pfeile schießt:

> »Die Pfeile des Allmächtigen stecken in mir,
> mein Geist hat ihr Gift getrunken,
> Gottes Schrecken stellen sich gegen mich.« (Hi 6,4)

Was für ein Vorwurf gegen Gott, der ein regelrechtes Scheibenschießen auf Hiob veranstaltet!? Ja, Hiob spitzt diesen Vorwurf noch zu, indem er die These aufstellt:

---

[12] Vgl. zu den mythologischen Konzepten, die hinter der Klage in Hi 3 stehen, *G. Fuchs*, Mythos und Hiobdichtung. Aufnahme und Umdeutung altorientalischer Vorstellungen, Stuttgart/Berlin/Köln 1993, 65ff. *G. Kaiser* (Anm. 5, 60ff.) sieht in Hi 3 eine Verfluchung der gesamten geordneten Schöpfung durch Hiob. Das scheint mir eine Überinterpretation zu sein. Hiob klagt nicht die Rücknahme der Schöpfung als ganzer ein, wie das in der großen Flut (Gen 6–8) geschieht, sondern lediglich die Streichung seiner Existenz aus der an und für sich guten Schöpfung, da er in ihr offenbar keinen Platz hat.

»Die Erde wurde in die Hand eines Verbrechers gegeben,
das Angesicht ihrer Richter deckt er zu.
Wer ist's denn, wenn nicht er?« (Hi 9,24)

Das ist ungeheuerlich, dieser »Vorwurf gegen Gott«.[13] Die Erde ist in der Hand eines Verbrechers. Und wer sollte denn dieser Verbrecher sein, wenn nicht Gott selbst? Hiob macht sich Luft in der Klage und Anklage gegen Gott.

Darf ein Mensch so von Gott und mit Gott reden? Rechtfertigt das Leiden jede Schmähung Gottes? Wer sich an das Ende des Hiobbuches erinnert, wird zu der erstaunlichen Erkenntnis gelangen, dass das der unschuldig leidende Hiob darf. Gott stellt ja Hiobs Freund Elifas gegenüber ausdrücklich fest, die Freunde hätten nicht recht zu Gott geredet im Unterschied zu seinem Knecht Hiob.

Solange die Sprechrichtung stimmt, solange sich die Leidenden mit ihren Klagen und Anklagen an Gott selbst halten, so lange hält Gott das aus. In ihm finden die Klagen und die Anklagen der Leidenden ihren genuinen und richtigen Adressaten.

Wiederum kommt es nicht im Detail darauf an, *was* Hiob sagt und klagt. Das mag durchaus zurechtgerückt werden, was ja dann auch in den berühmten Gottesreden (Hi 38,1–42,6) geschieht. Entscheidend ist vielmehr, zu wem und an wen er sich mit seinen Klagen und Anklagen wendet. Solange ein Mensch selbst als Anklagender noch an Gott festhält, so lange kapituliert er nicht vor dem Leid. Diese Feststellung also, dass der klagende Hiob recht, ja aufrichtig zu Gott geredet habe, setzt die Klagen und Anklagen der Leidenden in ihr Recht ein.

---

[13] Siehe zu den altorientalischen Voraussetzungen der Anklage Gottes *D. Sitzler*, »Vorwurf gegen Gott«. Ein religiöses Motiv im Alten Orient, Ägypten und Mesopotamien, Wiesbaden 1995. Zu den speziellen Vorwürfen Hiobs, dass die Welt ein Chaos sei (Hi 3) und sich in der Hand eines Frevlers befinde (Hi 9,24), vgl. auch *O. Keel*, Jahwes Entgegnung an Ijob: Eine Deutung von Ijob 38-41 vor dem Hintergrund der zeitgenössischen Bildkunst, FRLANT 121, Göttingen 1978.

Was hier geschieht, ist nichts anderes als eine grandiose Anthropodizee, eine deutliche Rechtfertigung des leidenden Menschen. Denn so wie die Theodizee letztlich in der Freiheit Gottes besteht, so ist die Anthropodizee in der Freiheit des leidenden Menschen begründet. Gott lässt ihm die Freiheit zu klagen, ja, selbst ihn anzuklagen. *Sören Kierkegaard* hat das in der Novelle »Die Wiederholung« in seiner ganzen Tragweite erfasst. Für ihn ist der klagende und anklagende Hiob der wahre Hiob:

> »Das Geheimnis an Hiob, die Lebenskraft, der Nerv, die Idee ist: dass Hiob trotzalledem recht hat...das ist das Große an Hiob, dass die Leidenschaft der Freiheit bei ihm nicht erstickt und nicht zur Ruhe gebracht wird...«[14]

Die Klage wird zum Ausdruck der Freiheit, zum ersten Schritt der Befreiung aus dem Bösen erklärt. Aber das Entscheidende in alledem bleibt eben, dass sich Hiob nicht klagend von Gott lossagt, sondern sich selbst als Anklagender ihm zuspricht, ihn nicht aus der Verantwortung des Schöpfers entlässt. Er ist so frei, sich Gott zuzumuten, um mit ihm und gegen ihn – wie *Kierkegaard* das ausgedrückt hat – »die Grenzstreitigkeiten gegen den Glauben« auszufechten.[15]

Die Strategien gegen das Böse, die im Hiobbuch dem leidenden Gerechten nahegebracht werden – Kult und Fürbitte, Gottvertrauen und Geduld, Klage und Anklage – wecken unvermeidlich die abgründige Frage nach den Urhebern der unerklärlichen Leiden, die das Hiobbuch ebenfalls mehrfach durchdekliniert.

---

[14] *S. Kierkegaard*, Die Wiederholung, in: Ders., Gesammelte Werke 5/6, Düsseldorf/Köln 1956, 77.

[15] *S. Kierkegaard*, a.a.O. 80. Vgl. zur Hiobrezeption Kierkegaards auch *H.-P. Müller*, Welt als »Wiederholung«. Sören Kierkegaards Novelle als Beitrag zur Hiobinterpretation, in: *R. Albertz* (Hg.), Werden und Wirken des Alten Testaments, FS C. Westermann, Göttingen 1980, 355-372, und *G. Langenhorst*, Hiob unser Zeitgenosse. Die literarische Hiob-Rezeption im 20. Jahrhundert als theologische Herausforderung, Theologie und Literatur 1, Mainz, ^{2}1995, 57-60.

3. *Unde malum?*

3.1. *Der Mensch (malum morale)*

Wir haben bereits festgestellt, dass nicht alles, was die Freunde Hiobs gesagt haben, falsch gewesen sei, sondern dass sie das, was sie sagten, lediglich am falschen Ort, zur falschen Zeit und zum falschen Adressaten sagten. Daher ist die Antwort, die Elifas auf die Frage nach dem Verursacher des Übels gibt, nicht rundweg abzulehnen:

> »Denn aus der Erde geht kein Unheil auf,
> und aus dem Ackerboden sprosst kein Leid.
> Fürwahr, der Mensch erzeugt das Unheil,
> wie Adler aufwärts fliegen.« (Hi 5,6f.)

Das Unheil ist also keine Frucht der Erde, sondern eine Frucht des Menschen. Er könnte schon glücklich sein, wenn er sich nicht selbst immer wieder wissentlich oder auch unwissentlich unglücklich machen würde. Und das hat etwas damit zu tun, dass »das Herz des Menschen böse ist und bleibt von seiner Jugend an«. Exakt dies musste ja Gott sowohl vor als auch nach der großen Flut feststellen (Gen 6,5; 8,21). Der Mensch ist durch nichts zu bessern. Deswegen ermahnen die Freunde Hiob immer wieder zur Buße und Reue. Sein Leiden muss in einer verborgenen oder auch offenbaren Schuld begründet sein, im *malum morale*.[16] In dieser Allgemeinheit mag die Feststellung der Freunde nicht falsch sein. Da prüfe jeder sich selbst! Wer ist denn Verursacher der Kriege, der Todeslager, der Gewalt, der Folter, seelischer und körperlicher

---

[16] Damit erweisen sich die Freunde als Verfechter eines dogmatisierten Tun-Ergehen-Zusammenhanges, der ohne Ansehen der Person als Totalerklärung für das »Böse« herhalten muss. Zu den unterschiedlichen Konzepten des Tun-Ergehen-Zusammenhanges siehe *G. Freuling*, »Wer eine Grube gräbt…« Der Tun-Ergehen-Zusammenhang und sein Wandel in der alttestamentlichen Weisheitsliteratur, WMANT 102, Neukirchen-Vluyn 2004, und *B. Janowski*, Die Tat kehrt zum Täter zurück. Offene Fragen im Umkreis des »Tun-Ergehen-Zusammenhangs«, ZThK 91, 1994, 245-271.

Schmerzen, wenn nicht der Mensch? Doch das, was im Allgemeinen richtig ist, das muss im konkreten Fall noch lange nicht zutreffend sein. Und dieser konkrete Fall, das ist eben der Fall Hiobs. Und von Hiob wird mehrfach, selbst durch Gott, ausdrücklich festgestellt, dass er »vollkommen, rechtschaffen, gottesfürchtig sei und das Böse meide« (Hi 1,1.8; 2,3). Vier Prädikate der Gerechtigkeit werden ihm zuerkannt. Dieser Hiob ist wie die vier Himmelsrichtungen nach jeder Seite hin, in jeder Weise untadelig. Daher musste die Hermeneutik des Verdachts, die die Freunde Hiobs ihm gegenüber zur Anwendung brachten, dass nämlich sein Leid im *malum morale* begründet sei, in die Leere gehen. Im Allgemeinen hatten sie recht (Hi 9,2), im Konkreten irrten sie über die Maßen, ja quälten sie gar Hiob mit ihren allgemeinen Weisheiten (Hi 19,1). Was der Hiobleser allerdings aus dieser Antwort der Freunde für sich selber festhalten darf, ist dies, dass er sich selbst bei der Suche nach den Urhebern von Leid nicht vergessen sollte. Nicht jedermann ist ein Hiob, vollkommen, rechtschaffen, gottesfürchtig und fern vom Bösen.

3.2. Der Satan (malum morale et physicum)

Hier müssen wir etwas weiter ausholen, obwohl man dem Satan eigentlich nicht die Ehre antun soll, zu viel von ihm zu sprechen. Aber eine kurze religionsgeschichtliche Information macht das Problem deutlicher, um das es geht. Der Hioberzähler kannte ganz offensichtlich die in der Perserzeit vertretene Auffassung, dass der Satan verantwortlich sei für die Übel der Welt. Die Satansgestalt begegnet uns als selbständige Figur nur an drei Stellen im Alten Testament, in Sach 3; 1Chr 21,1ff. und eben im Hiobbuch (Hi 1,6-12; 2,1-7).[17] Aufschlussreich von diesen beiden Stellen ist 1 Chr 21,1ff. Dieser Text gibt die vorexilische Fassung

[17] Vgl. zur biblischen Satansgestalt und ihrer Wirkungsgeschichte *H. Haag*, Teufelsglaube, Tübingen 1974.

von 2 Sam 24 wieder. Dort, in 2 Sam 24, wird erzählt, dass Gott in seinem Zorn den König David zu einer Volkszählung gereizt und verführt habe. Nach 1 Chr 21,1 war das hingegen nicht Gott, sondern der Satan, der diese Verführerrolle übernahm. Die Möglichkeit, die in vorexilischer Zeit offensichtlich noch ganz in Gott selber lag, nämlich auch eine dunkle, Israel feindliche, widerstehende Macht zu sein – JHWH und sein Zorn reizten ja David –, diese Möglichkeit wurde in der nachexilischen Zeit quasi aus Gott herausverlegt und einem Satan als Widersacher angelastet.[18] Der erschreckende, zornige, abgründige Gott wurde harmonisiert und entdämonisiert. Das Weltübel, das *malum physicum*, wird personifiziert, in einer eigenen Wesenheit literarisch figuriert, eben in den Satan hineinverlegt und so von Gott getrennt.[19]

Versucht man auf dem Hintergrund des bisher Ausgeführten nun den Satan der Hiobrahmenerzählung und seine Funktion genauer zu bestimmen, dann lässt sich jetzt einiges präziser fassen:

1. Der Satan gehört zu den Gottessöhnen. Aber er ist in diesem Kreis eine Größe *sui generis*. Er kommt in ihre Mitte, um sich vor Gott aufzustellen. Von frühnachexilischer

---

[18] Siehe dazu grundsätzlich *H.-J. Fabry*, »Satan« – Begriff und Wirklichkeit. Untersuchungen zur Dämonologie der alttestamentlichen Weisheitsliteratur, in: *H. Lichtenberger/A. Lange/K. F. D. Römfeld* (Hg.), Die Dämonen – Demons. Die Dämonologie der israelitisch-jüdischen und frühchristlichen Literatur im Kontext ihrer Umwelt, Tübingen 2002, 269-291.

[19] Vgl. dazu jetzt *P. Sloterdijk*, Zorn und Zeit. Politisch-psychologischer Versuch, Frankfurt a. M. 2006, 145: »Der Preis für diese Entlastung Gottes von der Exekutive seines Zorns ist das Heranwachsen einer förmlich durchgebildeten Gegenwelt des Bösen. Diese durfte keine volle ontologische Selbständigkeit in Anspruch nehmen – sonst hätte man die Existenz eines Gegengottes oder zweiten Prinzips zugeben müssen, was innermonotheistisch unmöglich ist. Doch auch in nachgeordneter Stellung übt das Böse genug Macht aus, um sich als Quelle zahlloser Übel Beachtung zu verschaffen.«

Zeit an hatte der Satan einen festen Platz im himmlischen Thronrat.[20]

2. Für Gott schien der Satan von besonderem Interesse zu sein. Nur er wird von ihm befragt und eines Gesprächs gewürdigt (Hi 1,7; 2,2). Über die anderen Gottessöhne im himmlischen Thronrat erfahren wir außer der Tatsache ihrer Anwesenheit nichts. Sie bleiben Staffage.

3. Dem Satan ist der Himmel, die Sphäre Gottes, offenbar zu langweilig. Er ist ein großer Spaziergänger vor dem Herrn und wählt für seine ausgedehnten Streifzüge mit Vorliebe die Erde (Hi 1,7; 2,2). Das hat ihm den Verdacht eingebracht, der von Gott eingesetzte Geheimpolizist und Oberspitzel zu sein, der die Aufgabe hatte, das Treiben der Menschen zu beobachten und davon Bericht zu geben.[21]

4. Ergiebiger für die Kennzeichnung der alttestamentlichen Satansgestalt sind die Fragen Gottes an ihn, ob er

---

[20] Die Vorstellung von einem himmlischen Thron- oder Götterrat hat ihren »Sitz im Leben« in der altorientalischen Tempeltheologie. Der Tempel galt als »Himmel auf Erden«. In Entsprechung zur Versammlung der Götter im Himmel sammelte sich z. B. zum babylonischen Akitu-Fest der Götterrat, repräsentiert durch die Götterbilder, den König und den Oberpriester als wichtigen Handlungsträgern, im Tempel, um das Böse rituell zu beseitigen. Vgl. dazu St. Maul, Die Frühjahrsfeierlichkeiten in Assur, in: *A. R. George/I. L. Finkel* (Ed.), Wisdom, Gods and Literature. Studies in Assyriologie in Honour of W. G. Lambert, Winona Lake 2000, 389-420, und *M. Nissinen*, Prophets and the Divine Council, in: *U. Hübner/E. A. Knauf* (Hg.), Kein Land für sich allein. Studien zum Kulturkontakt in Kanaan, Israel/Palästina und Ebirnari, FS M. Weippert, OBO 186, Fribourg/Göttingen 2002, 4-19.

[21] Die Mitarbeiter des Geheim- und Informationsdienstes wurden im Alten Orient als »Augen und Ohren« des Königs bezeichnet. Zur Übertragung ihrer Funktion auf die Satansgestalt im himmlischen Thronrat siehe *A. Brock-Utne*, »Der Feind«. Die alttestamentliche Satansgestalt im Lichte der sozialen Verhältnisse des nahen Orients, Klio 28, 1935, 219-227, und *C. Houtman*, Der Himmel im Alten Testament. Israels Weltbild und Weltanschauung, OT.S 30, Leiden 1993, 337.

denn seinen Knecht Hiob aufmerksam beobachtet habe und ob er die untadelige Frömmigkeit seines Knechtes wahrgenommen habe. Allein diese Fragen machen deutlich, dass im Hiobbuch *der Mensch und seine Frömmigkeit* zwischen Gott und dem Satan zur Debatte stehen. Und Gott steht in dieser Debatte ganz auf der Seite des leidenden Menschen, eben seines Knechtes Hiob. Er erkennt dessen Frömmigkeit ohne Wenn und Aber an (Hi 1,8; 2,3). Mit seiner Frage an den Satan wird allerdings erkennbar, dass die Möglichkeit besteht, diese menschliche Frömmigkeit auch anders zu beurteilen. Der Satan hat offensichtlich kein derartig ungebrochenes Verhältnis zum leidenden Hiob wie Gott.

5. Die Fragen Gottes zur Person Hiobs beantwortet der Satan mit Gegenfragen. Er stellt die Frömmigkeit Hiobs in Frage (Hi 1,9; 2,4). Aber damit steht weit mehr auf dem Spiel. Hinterfragt wird vom Satan damit ja auch die Leidenschaft Gottes für seinen Knecht Hiob, die Wahrhaftigkeit ihrer Beziehung. Nicht allein Hiob und sein Gottesbild, sondern auch Gott selbst und sein Hiobbild stehen auf dem Prüfstand. Die Grundfrage, die der Satan stellt, lässt sich auf die Formel bringen: *Bewahrung und Bewährung*. Der Satan stellt nämlich die These auf, dass sich Hiobs Frömmigkeit nur deswegen bewähre, weil Gott ihn vor allem Unheil bewahre und reich gesegnet habe. Er zweifelt die uneigennützige, grundlose Frömmigkeit Hiobs an. Er unterstellt dem frommen Knecht, dass dessen Glaube nichts weiter als eine Gegenleistung sei, die auf dem *do ut des*-Prinzip beruhe. Hiob, so der Satan, gibt nicht Gott um Gottes willen die Ehre, sondern um seines eigenen Vorteils und Wohlergehens willen.

Damit wird der Satan im Buch Hiob zu einer ausgesprochenermaßen theologischen Figur, Satanologie wird zur Negation von Theologie. Er ist nicht einfach das Böse oder der Böse schlechthin, das grauenhaft Erschreckende, der Inbegriff aller Infamie. Nicht alles, was böse ist, muss den Glauben an Gott in Frage stellen oder den Satan auf den Plan rufen. Die Bosheit eines Menschen (*malum morale*) lässt mich ja zunächst am Menschen, nicht aber unbedingt an Gott verzweifeln oder dem Satan die Ehre geben. Der Satan hat vielmehr nach dem Hiobbuch im Reich des Bösen eine ganz spezielle Funktion, er schürt den Zweifel, er sät das Misstrauen, er legt die Minen zwischen Gott und Mensch. Er ist das, was uns von Gott trennen will und unseren Glauben anficht (vgl. Mk 1,12f.; Mt 4,1-11). Der Satan ist, so eine mehrfache Feststellung *Martin Luthers*, »allezeit Gottes Affe«[22] und als solcher ein Meister der Anfechtung. Er ist als Figuration des *malum physicum*, des unverschuldeten »natürlichen« Leidens, der »Fels des Atheismus«.[23]

6. In alledem bleibt der Satan aber deutlich Gott unterstellt. Er hinterfragt wohl Gottes Macht über den Menschen, aber selbst kann er nichts ohne Gottes Zustimmung tun. Gott liefert nun aber Hiob an den Satan aus. Das ist – wenn man es recht bedenkt – eine Ungeheuerlichkeit, der man nur mit den letzten Bitten des Vaterunser »und führe uns nicht in Versuchung, sondern erlöse uns von dem Bösen…« begegnen kann. Macht Gott sich auf diese Weise nicht zum Komplizen des Satans? Findet da nicht, wie *Hermann Spieckermann* behauptet, eine Satansisierung Gottes statt?[24] Hätte Gott nicht das unverschämte Ansinnen dieses dunklen Gesellen ohne Wenn und Aber zurückweisen müssen? War es das, was z.B. Hiobinterpreten wie

---

[22] Vgl. *M. Luther*, WA 21, 242,23; WA 24, 561,14; WA 52, 828,21.

[23] Vom Leiden als »Fels des Atheismus« spricht *G. Büchner* im dritten Akt seines Dramas Dantons Tod. Siehe dazu *G. Büchner*, Kritische Gesamtausgabe, hrsg. von *P. v. Becker*, Frankfurt a.M. ^{2}1985, 51.

[24] So *H. Spieckermann*, Die Satanisierung Gottes. Zur inneren Konkordanz von Novelle, Dialog und Gottesreden im Hiobbuch, in: *I. Kottsieper/J. van Oorschot/ D. Römheld/ H.M. Wahl* (Hg.), »Wer ist wie du, HERR, unter den Göttern?«, FS O. Kaiser, Göttingen 1994, 431-444.

Carl Gustav Jung[25] oder *Ernst Bloch*[26] am Gott des Hiobbuches so entsetzlich irritierte und zu der Auffassung brachte, dass dieses Gottesbild überwunden werden müsse (*Jung*),[27] bzw. dass man aus einem solchen Gottesglauben den Exodus riskieren müsse (*Bloch*)[28]?

Ich möchte eine andere Lesart anbieten. Zunächst einmal müssen wir sehr ernst nehmen, dass Gott dem Satan eine deutliche Grenze setzt. Den gesamten Besitz Hiobs, ja selbst seine Gesundheit gibt er in der zweiten Probe frei. Aber sein Leben darf der Satan nicht anrühren (2,6). Besitz und Gesundheit sind nicht sakrosankt, wohl aber Hiobs Leben. Der Satan darf *etwas*, aber er darf nicht *alles*. Und das zweite, noch viel wichtigere Moment besteht darin: Gott gibt dem Drängen des Satans nach, weil er offensichtlich mehr Vertrauen in die Treue Hiobs, seines Knechtes, hat als in die Macht des Widersachers. Das ist meines Erachtens der entscheidende Schlüssel zum Verständnis der Satansszenen im Hiobbuch. Gott traut es Hiob, einem leidenden Menschen, zu, stärker zu sein als der Satan, stärker als das *malum morale* und das *malum physicum*.[29]

Ohne Zweifel bleibt auch bei dieser Interpretation eine Spannung im Gottesbild der Hioberzählung bestehen. Warum lässt sich Gott überhaupt auf die Provokation Satans

---

[25] Siehe *C. G. Jung*, Antwort auf Hiob, Zürich 1952.

[26] Vgl. *E. Bloch*, Atheismus im Christentum, Frankfurt a. M. 1968, 148-166.

[27] Vgl. dazu die kritische Auseinandersetzung mit Jung durch *H. Wildberger*, Das Hiobproblem und seine neueste Deutung, in: Ders., Jahwe und sein Volk. Gesammelte Aufsätze zum Alten Testament, ThB 66, München 1979, 9-27, bes. 20ff.

[28] So bereits *E. Bloch*, Das Prinzip Hoffnung, Frankfurt a. M., ³1976, 1456.

[29] Siehe dazu auch *B. Janowski*, »Die Erde ist in die Hand eines Frevlers gegeben«. Zur Frage nach der Gerechtigkeit Gottes im Hiobbuch, in: *H. Lichtenberger/H. Zweigle* (Hg.), Wo ist Gott?. Die Theodizee-Frage und die Theologie im Pfarramt, Theologie Interdisziplinär 7, Neukirchen-Vluyn 2009, 1-15, bes. 4 und 15.

ein? Warum gibt er dem Satan Raum auf der Erde? Setzt sich Gott damit nicht doch wenigstens dem Verdacht aus, ein Komplize des Übels zu sein? Fehlte es ihm an Souveränität?[30] Ist Hiob ihm denn nicht mehr wert als die eigene Rechtfertigung und das Rechtbehaltenwollen vor dem Satan?

Diese Fragen lassen sich nur beantworten, wenn wir begreifen, dass es in dieser Auseinandersetzung zwischen Gott und dem Satan eben nicht nur um die Frömmigkeit oder das Versagen Hiobs geht, sondern gleichzeitig auch um die Macht und die Freiheit Gottes. Würde Gott sich der unverschämten Herausforderung nicht stellen, dann wäre er dem bleibenden Verdacht ausgesetzt, dass die perfide These des Satans über Hiobs Lohnfrömmigkeit eben doch stimmen könnte, dass der Mensch nur um seiner selbst willen, aber nicht um Gottes willen gerecht wäre. Das aber bedeutete das Ende der Freiheit JHWHs, denn in diesem Falle müsste er dem Menschen immer nur Gutes tun, um sich auf diese Weise seine Macht und Anerkennung zu erhalten.[31] Gerade in der Annahme der Herausforderung bewährt Gott seine Freiheit gegenüber jedermann, gegen den Satan wie auch gegenüber seinem Knecht Hiob. So erweist Gott mit dem Zugeständnis an den Satan einerseits seine

---

[30] In diesem Zusammenhang ist auf *H. Jonas* (Der Gottesbegriff nach Auschwitz. Eine jüdische Stimme, Frankfurt a. M. 1987) hinzuweisen, der dafür plädiert, angesichts des jüdischen Schicksals im 20. Jh. die Vorstellung von der Allmacht Gottes aufzugeben. Der Begriff der Allmacht enthalte in sich bereits eine Paradoxie, da »Macht« ein Verhältnisbegriff ist und eo ipso eine Gegenmacht voraussetzt, gegen oder über die Macht ausgeübt wird. Allmacht negiert das Vorhandensein von Gegenmacht und hebt sich damit von selber auf. Gegen einen allmächtigen Gott setzt Jonas die Rede vom leidenden, werdenden, sorgenden und auch gefährdeten Gott (ebd. 25ff.).

[31] In diesem Falle wäre dann wirklich im Sinne von *Hans Jonas* (siehe Anm. 30) von einer Gefährdung Gottes und eben nicht nur Hiobs zu sprechen, die die Herausforderung des Satans mit sich bringt.

unvergleichliche Freiheit und Gottheit.[32] Andererseits erweist er damit auch dem Menschen die Ehre, stärker zu sein als der Satan, die Kraft zu finden, dem *malum morale* wie auch dem *malum physicum* zu widerstehen. Er ist davon überzeugt, dass ein Mensch, dass Hiob auch außerhalb des Raumes der Bewahrung in Not und Leid seine Gottesbeziehung bewähren kann und wird.

Dieses Kabinettstück hochkarätiger Theologie trägt der Erzähler mit geradezu spielerischer Leichtigkeit vor. Die Leser sollten den Satan ernst nehmen, seine Wirklichkeit nicht einfach negieren. Aber sie sollten sich durch ihn auch nicht besetzen oder fixieren lassen, denn ein Mensch kann, das ist die These des Erzählers, stärker sein als der Satan.[33]

3.3 Gott (malum metaphysicum)

Bleibt schließlich die These über den Urheber des Bösen, die Hiob selbst aufstellt:

> »Haben wir Gutes von Gott empfangen
> und sollten das Böse nicht auch annehmen?« (2,10)

Hiob selbst weiß ja nichts, von dem, was sich im Himmel abspielt. Er kennt keinen Satan, er kennt nur seinen Gott. Und dem traut er alles zu, das Gute ebenso wie das Übel,

---

[32] Will man an der Rede von der Allmacht Gottes festhalten, dann ist diese wohl nicht länger metaphysisch im Sinne einer Absolutheit zu denken, sondern nur im Sinne einer »Allmacht der Liebe«, die bereit ist, durch Selbstrücknahme und Hingabe Macht mit den Geliebten zu teilen. Vgl. dazu *E. Jüngel*, Gottes ursprüngliches Anfangen als schöpferische Selbstbegrenzung. Ein Beitrag zum Gespräch mit Hans Jonas über den Gottesbegriff nach Auschwitz, in: Ders., Wertlose Wahrheit. Zur Identität und Relevanz des christlichen Glaubens, Theologische Erörterungen 3, Tübingen ²2003, 151-162. bes. 158f.

[33] Vgl. dazu *R. Lux*, Narratio – Disputatio – Acclamatio. Sprachformen des Leidens und seiner Überwindung im Hiobbuch, in: *G. Schneider-Flume/D. Hiller* (Hg.), Dogmatik erzählen? Die Bedeutung des Erzählens für eine biblisch orientierte Dogmatik, Neukirchen-Vluyn 2005, 83-99, bes. 93.

das er als *malum metaphysicum* von Gott her in Kauf nimmt.[34] Mit dieser These gibt Hiob keinen Millimeter dieser Erde und keine Minute der Geschichte dem Satan preis. Worin hat Hiobs scheinbare Aporie ihre Plausibilität?

Das *malum morale* ganz in die Macht des Menschen und das *malum physicum* in die Macht Satans zu stellen hieße Gott kleinmachen, ihn in seiner Souveränität beschränken, seine Einzigkeit und Absolutheit in einen Dualismus hinein aufzulösen. Und es hieße zugleich die Schuld des Menschen zu verharmlosen und zu verschleiern. Wenn der Satan für alles Leid verantwortlich ist, dann ist der Mensch immer nur Opfer, niemals Täter. Das ist eine Sicht, die in der Moderne durch eigenartige Spielarten des Biologismus (die Gene sind schuld!) oder des Psychologismus (die Gesellschaft ist schuld!) ins Säkulare übersetzt worden ist. Eine Verallgemeinerung solcher Thesen würde das Ende der Verantwortung, ja, eine Suspension des Ethischen bedeuten.

Das Übel nur im Menschen zu verankern, wie es die Freunde Hiobs tun, hieße ebenfalls Gott und den Satan zu verharmlosen. Gibt es denn nicht Leiden, Schmerzen, Unheil, die keinem Menschen angelastet werden können? Welcher Mensch sollte denn für das *malum physicum* der Krebserkrankung eines Kindes verantwortlich sein?

Es bleibt also, das Rätsel des Leidens. Hiob tastet in diesem Rätsel nach Gott, aber er löst es nicht auf. Er belässt ihm sein Geheimnis, indem er Gutes und Böses von Gott gleichermaßen entgegennimmt. In ihm gründet alles, das ganze Leben voll von Freude und Schmerz.

---

[34] Mit dem *malum metaphysicum* wird bei *G. W. Leibniz* (Versuch in der Theodicée über die Güte Gottes, die Freiheit des Menschen und den Ursprung des Übels, Philosophische Werke Bd. 4, Hamburg 1996, 106) die grundsätzliche Unvollkommenheit der Schöpfung im Gegenüber zur Absolutheit Gottes zum Ausdruck gebracht. Da es neben dem Absoluten kein weiteres Absolutes geben kann, muss die Schöpfung aus innerer Notwendigkeit heraus defizitär sein.

Das darf nicht jeder sagen, das darf man auch nicht einem Leidenden gegenüber so naiv dahinplappern, so etwas darf nur der Leidende selbst sagen, wenn er sich sein unaufklärbares Elend deutet. Hier wagt sich einer mit Zittern und Zagen an die letzten Geheimnisse des Glaubens heran. Der Glaube, der Gott alles zutraut, Gutes und Böses, wird im Leid geboren. Wer nicht gelitten hat wie Hiob, könnte an solch einem Satz irre werden. Aber gerade indem Hiob das Übel nicht nur auf den Satan oder den Menschen zurückführt, sondern es ebenso wie das Gute von Gott entgegennimmt, bestreitet er dem Leiden seine Totalität. Wer nur den Satan, das *malum physicum* kennt, ist auch nur an ihn verwiesen. Wer nur den Menschen, das *malum morale*, also sich selber kennt, kommt von sich selbst nicht los. Wer sich hingegen Gott als dem Geber von Gut und Böse, dem *malum* wie auch dem *bonum metaphysicum* anvertraut, dem bleibt die Hoffnung, dass Gott, wie das ja auch bei Hiob geschah, seinem Geschick eine Wende zum Guten geben kann und will (Hi 42,10-17; vgl. Gen 50,20). Mit solcher Einsicht lässt sich nicht hantieren oder argumentieren und schon gar nicht hausieren gehen. Aber aus dem Mund eines Leidenden ist sie aufmerksam und mit Respekt zu hören.[35] Und was ist mit denen, die diese Wende zum Guten nie erfahren, was wird aus Bonze Schweig?

4. Bonze Schweig und der gute Himmel

Nach Bonzes Tod steht er vor seinem himmlischen Richter. Sein Verteidiger rechnet ihm seine Leiden, seinen Schmerz und sein geduldiges Schweigen als Verdienst zu, sein Ankläger, der *Karteiger*, der himmlische Staatsanwalt, der die klassische Rolle des Satans spielt, muss letztlich kapitulie-

[35] Vgl. dazu jetzt besonders *I. U. Dalfert*, Leiden und Böses. Vom schwierigen Umgang mit Widersinnigem, Leipzig 2006.

ren und schweigen. Schließlich spricht der göttliche Richter selbst zu ihm:

»›Mein Kind!‹ fährt der allbarmherzige Herr des Gerichts fort. ›Du schwiegst immer! Du hast kein einziges Glied, keinen einzigen Knochen in deinem Leibe, der nicht wund geschlagen wäre; es ist keine noch so verborgene Stelle in deiner Seele, die nicht blutete… und du schwiegst immer… Dort kehrte sich niemand daran; vielleicht wusstest du sogar nicht einmal, dass du schreien kannst und dass vor deinem Schreien die Mauern Jerichos erzittern und einstürzen würden? Du wusstest nichts von der Kraft, die in dir schlummerte… In jener Welt wurde dein Schweigen nicht belohnt. Doch jene Welt ist die Welt der Lüge. Hier, in der Welt der Wahrheit, wirst du deinen Lohn bekommen! Dich wird der himmlische Gerichtshof nicht richten, über dich wird er keinen Spruch fällen. Dir wird er nichts zuteilen und nichts zumessen: Nimm dir, was du willst! Alles ist dein.‹
Bonze hebt zum erstenmal den Blick. Das Licht, das von allen Seiten auf ihn eindringt, blendet ihn. Alles blitzt, alles glänzt und funkelt, von allen Seiten schießen Strahlen; von den Wänden, von den Geräten, von den Engeln und von den Richtern. Und er senkt die müden Lider wieder.
›Ist es wahr?‹ fragt er ungläubig und verschämt.
›Gewiss!‹ antwortete sehr bestimmt der Herr des Gerichts. ›Ich sage dir ja: Alles ist dein! Alles im Himmel gehört dir! Wähle und nimm dir, was du willst: denn du nimmst nur von dem, was dir gehört!‹
›Ist es wahr?‹ fragt Bonze wieder, doch schon etwas sicherer.
›Gewiss! Gewiss! Gewiss!‹ versicherte man ihm von allen Seiten.
›Nun wenn es so ist‹, sagt Bonze lächelnd, ›dann möchte ich jeden Morgen eine warme Semmel mit frischer Butter!‹
Richter und Engel schlagen verlegen die Augen nieder.
Der Ankläger beginnt zu lachen.«[36]

Gibt es Menschen, denen wie *Bonze Schweig* nichts anderes bleibt als die Hoffnung auf einen guten Himmel, eine warme Semmel mit frischer Butter? Ja, solche Menschen gibt es wohl, Menschen die schlimmer noch dran sind, als

---

[36] *J. L. Perez* (Anm. 1), 289f.

Hiob selbst es war. Und wenn sie die Hoffnung auf einen guten Himmel nicht fahren lassen, dann ist das kein Grund, sie mitleidig zu belächeln und ihre Hoffnung als Weltflucht zu denunzieren. Es könnte ja sein, dass sie damit ihr anhaltendes immanentes Leid transzendieren, also zu Gott hin überschreiten. In der Hoffnung auf den Himmel konstituieren sie eine Gegenwelt der Wahrheit, die der Welt der Lüge und des Bösen das alleinige Existenzrecht bestreitet, eine Gegenwelt des *bonum*, die dem *malum* seine Allmachtsansprüche abspricht. Bonze Schweig hat das getan, in seiner geradezu beschämenden und zugleich erheiternden Bescheidenheit. Aber er erfährt in der Transzendierung seiner irdischen Leiden, also im Himmel, dass es für ihn durchaus auch eine andere Möglichkeit, eine irdische Alternative gibt, nämlich zu schreien und durch sein Schreien die Mauern Jerichos, die Mauern des Elends, zum Einsturz zu bringen.

»Alles hat seine Zeit...«

Qohelet – ein Philosoph der Endlichkeit*

1. Annäherungen

Habel habalim... habel habalim hakol habel! (Qoh 1,2) Ein fünffacher Paukenschlag eröffnet eines der reizvollsten Bücher der Bibel Israels. Qohelet, den man auch den Prediger Salomo nennt, nimmt uns durch Wortmagie und poetische Lautmalerei mit hinein in das, wovon wir uns gerne ausnehmen würden, in unsere Endlichkeit.

Habel habalim... habel habalim hakol habel! Das ist ein unübersetzbarer Satz, und daher – wie alles Unübersetzbare – beunruhigend. Ein Satz, der unserem dreisten Zugriff, unserer Leidenschaft zu verstehen, eine lange Nase macht, dessen Sinn sich uns hermetisch verschließt. Und gerade daher suchen die Übersetzer nach einem passfähigen Schlüssel, der das eingerostete Schloss öffnet.

– *Martin Luther* hat uns mit seiner genialen Übersetzung gleichsam vor den Spiegel gestellt: »Es ist alles ganz eitel, sprach der Prediger, es ist alles ganz eitel.« Dabei verstand er allerdings unter dem Wörtchen »eitel« weniger das, was wir darunter verstehen, den menschlichen Trieb, sich zu schmücken, sondern das Schicksal der Vergeblichkeit.

– Der jüdische Übersetzer *Martin Buber* spürt dem Ursprungssinn des fünffachen Wortes *häbäl* nach, das so viel bedeutet wie »Wind/Hauch«. Er übersetzt denselben Satz mit: »Dunst der Dünste, spricht der Versammler, Dunst der Dünste, alles ist Dunst.«[1] Das Leben ein dichter Nebel? Und wir mittendrin mit unserer beschränkten Durchsicht?

– Der Alttestamentler *Diethelm Michel* sah in dem unübersetzbaren Satz eine Nichtigkeitsaussage. Immer wenn

---

* Beitrag zur Ringvorlesung »Zeit« im Rahmen des Studium generale der Universität Leipzig im Sommersemester 2011.

1 Die Schriftwerke verdeutscht von Martin Buber, Heidelberg [4]1976, 389.

Qohelet nach einem Sinn frage, verdampfe ihm dieser wie ein Wassertropfen auf der Herdplatte. Und daher übersetzt er, der Definition des Absurden durch *Albert Camus* folgend, das Unübersetzbare mit den Worten: »Vollkommen absurd, sprach Qohelet, vollkommen absurd – alles ist absurd.«[2] Diese Welt – nichts als ein Absurditätenkabinett?

Ein und dasselbe Wort, *hābāl*, fünffach wiederholt, und schon sitzen wir mittendrin, in der Sinnkrise. Dieser Paukenschlag, mit dem Qohelet sein Buch eröffnet, beschließt es auch (Qoh 1,2; 12,8). Und damit der Leser bei laufender Lektüre nicht vergisst, dass alles *hābāl*, eitel, Dunst, absurd sei, schlägt er zwischendurch immer wieder die kleine Trommel. 38 Mal, ein regelrechter Trommelwirbel, hämmert er uns dieses *hābāl* ein, dem nichts und niemand entkommt.

Ich selbst übersetze es mit »vergänglich« oder »endlich«. Alles ist endlich, alles vergänglich wie der Wind, der sich nicht halten lässt, wie das Wasser, das verrinnt. Qohelet ist ein Philosoph der Endlichkeit. Aber seine Philosophie verkommt nicht im Weltschmerz. Vielmehr hat er in der Endlichkeit gerade das entdeckt, was den Menschen eigentlich erst zum Menschen macht, das entscheidende *Humanum*. Sie, die Endlichkeit, entlastet und befreit uns von der Sucht nach dem Ganzen, Perfekten und Grenzenlosen, und damit vor der Selbstvergötterung. Das Endliche, das ist die heilsame Grenze, die uns barmherziger sein lässt mit uns selbst und unserem Nächsten. Sie macht uns frei von dem Zwang, das endliche Leben mit allen Mitteln und um jeden Preis auskaufen zu wollen.

Wenn ich einen benennen sollte unter den Philosophen unserer Tage, der ein Bruder Qohelets im Geiste ist, dann wäre hier vor allem *Odo Marquard* mit seiner lebensdienlichen, menschenfreundlichen und von feinem Humor

---

[2] *D. Michel*, Untersuchungen zur Eigenart des Buches Qohelet, BZAW 183, Berlin 1989, 44f.

gezeichneten skeptischen Philosophie der Endlichkeit auf den Plan zu rufen.[3]

2. Der Prolog – Nichts Neues unter der Sonne

Das Buch Qohelet hat einen anonymen Verfasser. *Qohelet* ist kein Eigenname, sondern eine Funktionsbezeichnung, die so viel bedeutet wie »Versammlungsleiter« oder »Volksredner«. Daher hat Martin Luther das Buch mit »Prediger Salomo« überschrieben. Die Tradition hat es dem weisen König Salomo zugeschrieben, der als Davids Sohn und Thronfolger den Ruf des exemplarischen Weisen hatte.

> »Worte Qohelets, des Sohnes Davids, des Königs in Jerusalem.« (Qoh 1,1)

Sein Ansehen hat zu einer regelrechten Salomoliteratur geführt, dem Buch der *Sprüche Salomos*, der *Weisheit Salomos* und des *Hohen Liedes Salomos*. Alle möglichen Weisen, Sammler und Dichter haben ihre Schriften diesem König in den Mund gelegt und sich damit der königlichen Autorität für ihre Lehren bedient.[4] Auch der Verfasser des Buches Qohelet hat das getan. Am Ende des Buches aber ziehen die Herausgeber dem fiktiven Salomo den Königspurpur aus und decken die tatsächliche Verfasserschaft des Buches auf.

> »Was (noch zu sagen) bleibt ist dies: Qohelet war ein Weiser.
> Immerzu lehrte er das Volk Erkenntnis.
> Er hörte und prüfte und formte viele Sprüche.
> Qohelet suchte herauszufinden gefällige Worte,
> und wahre Worte richtig aufzuschreiben.« (Qoh 12,9f.)

---

[3] Vgl. *O. Marquard*, Zukunft braucht Herkunft. Philosophische Essays, Stuttgart 2003.

[4] Siehe dazu als Erstinformation *R. Lux*, Die Weisen Israels. Meister der Sprache, Lehrer des Volkes, Quelle des Lebens, Leipzig 1992.

Hier wird uns *expressis verbis* gesagt, wer Qohelet wirklich war, ein frühjüdischer Weiser, der als Volkslehrer und Schriftsteller wahrscheinlich im 3. oder 2. Jh. v. Chr. wirkte. Gleich im Eingangsprolog (Qoh 1,3-11) lernen wir ihn als begabten Poeten und Philosophen kennen.

Lehrfrage:
»3 Welchen Gewinn hat der Mensch von all seiner Mühe, die er hat unter der Sonne?«

Kosmologie:
»4 Ein Geschlecht geht
und ein Geschlecht kommt,
die *Erde* aber besteht für Weltzeit.

5 Die *Sonne* strahlt auf
und die Sonne geht unter,
nach ihrem Ort lechzt sie,
um dort strahlend wieder aufzugehen.

6 Er weht nach Süden
und dreht sich nach Norden,
dreht, dreht und weht der *Wind*,
und weil er sich dreht,
kehrt er zurück, der Wind.

7 Alle *Flüsse* fließen zum Meer,
das *Meer* aber wird nicht voll.
An den Ort, zu dem die Flüsse fließen,
dorthin kehren sie zurück, um (ständig) zu fließen.«

Anthropologie:
»8 Alle Worte mühen sich ab,
nicht vermag es ein Mensch, (sie) auszusprechen.
Nicht satt wird das Auge zu sehen,
und nicht voll wird das Ohr vom Hören.«

Fazit
»9 Was gewesen ist, das wird (wieder) sein,
und was getan wurde, das wird (wieder) getan werden.
Und es gibt nichts Neues unter der Sonne.

10 Gibt es eine Angelegenheit, von der man sagt: Sieh, dieses, neu ist es?
Längst geschah es vor Weltzeiten,
die vor uns gewesen sind.

11 Es gibt keine Erinnerung an die Früheren,
und auch an die Späteren (nicht), die sein werden.
Keine Erinnerung an sie wird es geben
bei denen, die noch später sein werden.«

Vor dem eigentlichen Gedicht steht eine Lehrfrage. Das hebräische Wort *jitron*, das ich hier mit »Gewinn« übersetzt habe, ist ein Wort der Kaufmannssprache. Qohelet bemüht sich, wie ein guter Kaufmann nüchtern Bilanz zu ziehen. Was bleibt unter dem Strich vom Leben übrig? Auf diese Frage antwortet er mit einem ersten Lehrgedicht, dem Prolog. Um diesen zu verstehen, ist es notwendig, einige Beobachtungen zu seiner poetischen Struktur festzuhalten.

Das Gedicht ist zweigeteilt. Die Verse 4-7 behandeln seine *Kosmologie*, Vers 8 die *Anthropologie*, und in den Versen 9-11 wird ein *Fazit* daraus gezogen. Der Dichter arbeitet mit Lautmalereien und Assonanzen, so z. B. das sechsfache hebräische Partizip *holech* »gehen« (V 4.6.7) oder das vierfache Partizp *sobeb* »drehen, kreisen« in Bezug auf den Wind (V 3). Alles scheint im Kosmos in ständiger Bewegung zu sein. Und es liegt auf der Hand, dass der Dichter mit der vierfachen Aufnahme der Wurzel *sabab* auf die vier Himmelsrichtungen anspielt, aus denen der Wind weht. In seiner Kosmologie geht er gleichsam die vier Urelemente durch, die Erde (V 2), die Sonne, die für das Feuer steht (V 5), die Luft (V 6) und das Wasser (V 7). In der Anthropologie teilt er eine Beobachtung über das mit, was der Mensch kann bzw. nicht kann (V 8). Aus alledem zieht er ein Fazit, indem er zunächst eine These aufstellt (V 9), sich danach mit einem möglichen Einwand gegen diese These auseinandersetzt (V 10) und am Ende zu einem abschließenden Urteil kommt (V 11). Gerahmt wird der gesamte Prolog durch eine Aussage über den Menschen als Kollektivwesen, als Angehörigen einer Generation (V 4a.11).

Damit entsteht für die Interpretation dieses Lehrgedichtes die Frage, wie Qohelet Kosmologie und Anthropologie, den Menschen und seine Welt, zueinander in Beziehung setzt. Die unmittelbare Verknüpfung dieser beiden Bereiche versteht sich ja nicht von selbst. Der Kosmos kommt sehr wohl ohne den Menschen aus, nicht aber der Mensch ohne den Kosmos.

Zunächst also kommt der Mensch als ein Gemeinschaftswesen in den Blick. Er ist immer Angehöriger einer Generation, die durch die jeweils nächste abgelöst wird. Es herrscht ein ständiges Kommen und Gehen auf dieser Erde. Mit dem Wechsel der Generationen kommt bereits eines der großen Themen des Qoheletbuches in den Blick, der Tod![5] Als Gattungswesen ist der Mensch zwar unsterblich, da eine Generation das Leben an die nächste weiterreicht. Als Individuum aber ist er sterblich. Damit ergreift ein Philosoph der Endlichkeit das Wort!

Im Kontrast zum Kommen und Gehen der Generationen steht die Erde. Sie hat Bestand *l^{e}olam* »auf Weltzeit«. Mit dem Wort *olam* begegnet erstmalig ein wichtiger Zeitbegriff (vgl. 1,10; 2,16; 3,11.14; 9,6; 12,3). Im Unterschied zu dem Wort *et*, das in Kapitel 3 eine große Rolle spielt und den »Zeitpunkt« oder »rechten Augenblick« bezeichnet, bringt Qohelet mit dem Wort *olam* den Aspekt der Dauer zur Sprache. Daher wird er auch häufig mit »Ewigkeit« übersetzt. Allerdings bezeichnet *olam* keine unbegrenzte Dauer, sondern das Ganze der unserer Welt zugemessenen Zeit, die mit der Schöpfung einen Anfang hat und auch einmal ein Ende haben wird. Daher ist die von *Martin Buber*

---

[5] Vgl. *R. Lux*, Tod und Gerechtigkeit im Buch Kohelet, in: *A. Berlejung/B. Janowski*, Tod und Jenseits im alten Israel und in seiner Umwelt. Theologische, religionsgeschichtliche, archäologische und ikonographische Aspekte, FAT 64, Tübingen 2009, 43-65.

und *Franz Rosenzweig* vorgeschlagene Übersetzung mit »Weltzeit« durchaus treffend. Das Kommen und Gehen der Generationen und die auf Weltzeit fest gegründete Erde bilden also den Ausgangspunkt des Nachdenkens Qohelets.

Wie geht nun der Mensch mit der Differenz zwischen seiner begrenzten Lebenszeit und der scheinbar unendlich dauernden Weltzeit um?[6] Ist mein recht begrenztes, flüchtiges Leben angesichts der unermesslichen Dauer der Erde nicht ein Nichts, ein Tropfen im Ozean der Zeit? Ist die Unendlichkeit des Kosmos nicht eine Kränkung meiner Endlichkeit? Und stellt sich angesichts der Zerbrechlichkeit des Lebens und der Beständigkeit der Erde nicht die Frage nach dem, was bleibt, nach dem *Sinn* oder auch *Gewinn* des Lebens wie von selbst?

Im Folgenden untersucht Qohelet drei Phänomene der natürlichen Welt, den Kreislauf der Sonne, das ständige Wehen und Kreisen des Windes und den Kreislauf des Wassers, der Flüsse, die ins Meer fließen und auf scheinbar geheimen unterirdischen Wegen wieder zu ihren Quellorten zurückkehren. Der Weise beschreibt eine überaus dynamische Kosmologie. Alles ist in ständiger Bewegung.

Von der Kosmologie geht der Dichter über zur speziellen Anthropologie (V 8). Zwischen Kosmologie und Anthropologie gibt es aber nicht nur Gemeinsamkeiten, sondern auch Unterschiede. Das wird von den Auslegern oft übersehen. Am deutlichsten wird der Unterschied durch die dreifache Verneinung (*lo*, »nicht«) in Vers 8 unterstrichen, die ein deutliches Lesesignal darstellt. Während die Verse 5-7 berichten, was Sonne, Wind und Wasser alles können bzw. tun, setzt Vers 8 massiv mit dem ein, was der Mensch *nicht* kann. Er vermag trotz der Bemühung um die rechten Worte nicht zu reden, seine Augen sehen sich

[6] Siehe zu dieser Problematik, die sich in der Moderne noch radikalisiert haben dürfte, den Essay »Zeit und Endlichkeit« von *O. Marquard* (Anm. 3), 220-233.

nicht satt und sein Ohr hört nie genug, es wird nicht voll von dem, was es hört, so wie auch das Meer nicht voll wird von den Flüssen, die in es fließen. Der Mensch wird hier als defizitäres Wesen mit begrenzten, endlichen Möglichkeiten vorgestellt.[7] Die fundamentalen Fähigkeiten, über die er verfügt, Sprechen, Sehen, Hören, stoßen immer wieder an Grenzen. Er kann das Ganze des Kosmos weder mit der Sprache noch mit dem Auge und auch nicht mit dem Ohr erfassen. Sein Können bleibt immer hinter seinem Wollen zurück. Dabei nimmt er – bei nüchterner Betrachtung seiner Welt und seiner selbst – immer nur die ständige Wiederkehr des Gleichen wahr. Und das sowohl in dem scheinbar unbegrenzten Kosmos als auch in dem sehr begrenzten, sehr endlichen Können des Menschen. Mag der eine, der Kosmos, vollkommen erscheinen und der andere, der Mensch, unvollkommen, was sie allerdings miteinander verbindet, das ist die ständige Bewegung, die rastlose Tätigkeit, das dauernde Reden, Sehen und Hören, das nie zur Ruhe kommt.

Daraus leitet der Weise nun eine These ab, in der er seine Beobachtungen verdichtet: »Was geschah, wird wieder geschehen, was getan wurde, wird wieder getan, und es gibt nichts Neues unter der Sonne« (V 9). Und auch wenn da ein Kritiker den Einwand erheben mag, dass doch dieses oder jenes neu sei, so sitzt er einem Irrtum auf, der letztlich seinem begrenzten Zeit- und Lebenshorizont zuzuschreiben ist. Wer die Geschichte und die Grundvoraussetzungen menschlicher Existenz wirklich ernst nimmt, der kommt immer wieder zu dem Schluss: Alles ist schon einmal da gewesen (V 10)! Der Mensch erkennt dies nur deswegen nicht, weil es keine hinreichende Erinnerung an die

[7] Dass der Mensch ein Mängelwesen ist, welches es verstanden hat, seine Mängel kulturell und zivilisatorisch zu kompensieren, ist eine der Hauptthesen der Anthropologie von *A. Gehlen* in seinem Buch »Der Mensch. Seine Natur und seine Stellung in der Welt«, Wiesbaden [13]1986.

Früheren gibt. Denn auch das menschliche Erinnerungsvermögen ist endlich!

Das Neue *erscheint* nur als neu, ist aber in Wirklichkeit längst da gewesen. Das kollektive Gedächtnis überdauert nach *Jan Assmann* ja gerade einmal die gleichzeitig lebenden zwei bis drei Generationen, danach versinken seine Inhalte im ewigen Eis des Vergessens, wenn sie nicht symbolisiert und mythologisiert in das kulturelle Gedächtnis überführt werden.[8] Aber auch das kulturelle Gedächtnis ist ja keine feststehende Größe, sondern in ständiger Wandlung begriffen und daher der Zeit unterworfen. Selbst dieses steht daher letztlich unter der unvermeidlichen Knute des Vergessens. Die Zeit ist wie ein großer kosmischer Staubsauger, der die Generationen einsaugt und im schwarzen Loch der Erinnerungslosigkeit verschwinden lässt. Damit schlägt der Dichter wieder den Bogen zum Anfang seines Prologs.

Auf uns als Leser der Moderne wirkt diese Welt- und Menschenbetrachtung Qohelets eigentümlich, für so manchen Zeit- und Kulturkritiker sogar eigentümlich modern. Das macht wohl auch den anhaltenden Erfolg und Reiz dieses Büchleins selbst unter den intellektuellen Grenzgängern und Feinschmeckern zwischen Tradition und säkularisierter Moderne aus. Viele finden in diesem Buch vor allem den eigenen Vergänglichkeitsschmerz wieder.

Man kann den Text aber auch anders deuten, wenn man einige Aspekte antiken Welt- und Zeitverständnisses mit bedenkt. *Jan Assmann* hat darauf hingewiesen, dass altorientalisches Zeit- und Geschichtsdenken nicht mit der uns geläufigen Trias Vergangenheit, Gegenwart, Zukunft arbeitete, sondern mit der Dualität von Dauer und Wandel. Das lässt sich an den Zeitstufen der semitischen Sprachen, auch am Hebräischen, nachweisen, die lediglich zwei

---

8 Vgl. *J. Assmann*, Das kulturelle Gedächtnis. Schrift, Erinnerung und politische Identität in frühen Hochkulturen, München 1992.

Aspekte der Zeit zum Ausdruck bringen, den der Perfektivität und den der Imperfektivität. »Die perfektive Zeit ist die unwandelbare Fortdauer des Vollendeten, die Zeit der Toten, des Steins und der Denkmäler. Die imperfektive Zeit ist der Zyklus der ewigen Wiederkehr, die Zeit der Natur, der Gestirne, des Sonnenlaufs.«[9] Auch der Prolog des Qoheletbuches ist von diesem Dual von Dauer und Wandel bestimmt. Von Dauer ist für Qohelet die Erde. Sie besteht *l^eolam*, auf Weltzeit (V 4b), aber nicht nur sie, sondern auch der Kreislauf, die Wiederholung des immer Gleichen, auch sie ist offensichtlich von Dauer. Qohelet denkt das Imperfekt nicht nur dynamisch als ständige Bewegung eines unvollendeten Geschehens, sondern zugleich auch statisch als einen durchaus stabilen Kreislauf, von dem der Organismus des Kosmos bestimmt ist. Jedoch auch diese Dynamik bringt eben nichts Neues unter der Sonne hervor, sondern immer wieder die gleichen Sachverhalte. Liegt darin die Tragik von Welt und Mensch?

Man mache einmal die Gegenprobe und stelle sich vor, dass dies nicht so wäre, dass die Erde nicht auf Dauer fest gegründet sei und die kosmischen Kreisläufe sich nicht ständig wiederholen, sondern plötzlich aussetzen würden. Was würde dies für das Leben auf diesem Globus bedeuten, wenn die Sonne am Himmel stehen bliebe, der Wind nicht mehr wehte, die Flüsse still ständen, nicht mehr eine Generation die andere ablösen würde? Das wäre das Chaos schlechthin. Es bedeutete den kosmischen Zusammenbruch, die Apokalypse! Daher lässt sich mit *Norbert Lohfink* dieser Prolog auch ganz positiv deuten.[10] Es ist eben

---

[9] *J. Assmann*, Stein und Zeit. Das »monumentale« Gedächtnis, in: Ders./T. Hölscher (Hg.), Kultur und Gedächtnis, Frankfurt a. M. 1988, 102.

[10] Vgl. *N. Lohfink*, Die Wiederkehr des immer Gleichen. Eine frühe Synthese zwischen griechischem und jüdischem Weltgefühl in Kohelet 1,4-11, in: Ders., Studien zu Kohelet, SBAB 26, Stuttgart 1998, 95-124.

nicht nur ein Fluch, sondern auch ein Segen, wenn das, was geschah, immer wieder geschieht, und das, was getan wurde, immer wieder getan wird. Damit erhalten Kosmologie und Anthropologie etwas Verlässliches.

Dazu kommt noch ein weiteres Moment: Der Kultursoziologe *Claude Lévi-Strauss* hat uns gelehrt, zwischen »heißen« und »kalten Gesellschaften« zu unterscheiden.[11] Kalte Gesellschaften trachten nach bleibender Stabilität und wehren Veränderungen weitestgehend ab, die in der Regel als bedrohlich empfunden werden. Sie üben sich in der Kunst der Langsamkeit der Geschichte. Heiße Gesellschaften hingegen befinden sich unter einem ständigen Veränderungsdruck. Sie betreiben eine immer weiter fortschreitende Beschleunigung der Geschichte.

Betrachtet man den Prolog des Qoheletbuches auf dem Hintergrund dieser Theoriemodelle, dann war Qohelet wohl kaum – wie häufig angenommen – ein progressiver Denker, dem an der ständigen Beschleunigung und Veränderung herkömmlicher Strukturen lag. Vielmehr erscheint er plötzlich inmitten einer heißen, unter rasantem Veränderungsdruck stehenden Gesellschaft der Ptolemäerzeit (3. Jh. v. Chr.) als jüdischer Traditionalist und Konservativer im besten Sinne des Wortes. Suchte er in den mit hellenistischem Geist und hellenistischer Lebensart verbundenen gesellschaftlichen Umwälzungen nach kosmologischen und anthropologischen Konstanten? Wollte er die Modernisierer der judäischen Gesellschaft vor einer Überhitzung warnen? Führte er ihnen gleich am Anfang seines Buches die unveränderlichen kosmologischen Voraussetzungen menschlicher Existenz vor Augen sowie die anthropologischen Grenzen und Defizite der menschlichen Wahrnehmung und Erkenntnis? War er damit zu einem Lehrer der Langsamkeit und Selbstbegrenzung geworden, der vor ei-

[11] Vgl. dazu das Buch von *C. Lévi-Strauss*, Das wilde Denken, Frankfurt a. M. 1973.

nem ungebremsten Fortschritts- und Wachstumsfetischismus als einem Grundirrtum seiner Zeit warnte, ja diese als Illusion auswies? Setzte er dagegen sein beharrliches »Nichts Neues unter der Sonne«?

Wenn man Qohelet in dieser Weise deutet, dann fällt die Antwort auf die Ausgangsfrage nach dem Gewinn, den der Mensch von all seiner Mühe erzielt (Qoh 1,3), zunächst einmal differenziert aus. Als *Gattungswesen* hat er wie Sonne, Wind und Wasser Anteil an der Wiederkehr des immer Gleichen, an einem stabilen Kosmos. Das ist nicht wenig, sondern angesichts der ökologischen Verwerfungen auch unserer Gegenwart eine große Gnade, dass wir wissen dürfen, dass an jedem Morgen die Sonne wieder aufgeht, der Wind weht und kreist, die Flüsse ihren Weg zum Meer antreten und an jedem Tag Kinder geboren werden. In diesem Prolog schwingt eben nicht nur Resignation und der Klageton der Vergeblichkeit mit, sondern auch ein Grundwissen um die beruhigende Wiederkehr des immer Gleichen.

Andererseits – und auch das darf nicht vergessen werden – ist der Mensch nicht nur ein Gattungswesen, sondern auch ein *Individuum* mit begrenzten Möglichkeiten zu reden, zu sehen, zu hören und einer begrenzten Lebenszeit. In der Wiederkehr des immer Gleichen kehre ich als besonderer, einmaliger Mensch eben nicht immer wieder wie die Sonne, der Wind oder das Wasser, es sei denn, man wollte Reinkarnationstheorien vertreten. Vielmehr gehe ich als Individuum im Meer des Vergessens und der Zeit unter. Und darin, in meiner Begrenztheit und meiner Sterblichkeit liegt nun einmal auch die Tragik menschlichen Schicksals. Zwar bin ich eingebunden in einen ständigen Kreislauf, aber eingebunden als ein vergängliches Wesen.

3. Die Zeit als Grenze (3,1-8)

Jedoch ist dieses vergängliche Leben in seiner Endlichkeit noch lange nicht nichts, sondern eine Gabe, die der Mensch annehmen oder auch verwerfen, verspielen oder klug nutzen kann. Daher gilt es, sorgsam darauf zu achten, was jeweils an der Zeit ist, damit die mir geschenkte Lebenszeit nicht von atemloser Rastlosigkeit aufgezehrt wird. So wird die Entdeckung der Zeit zum großen Thema des 3. Kapitels.

3.1. Alles hat seine Zeit

> *These:*
> »Für alles gibt es eine Gelegenheit
> Und eine Zeit für jedes Vorhaben unter dem Himmel.«
> (Qoh 3,1)

Die Eingangsthese des Kapitels führt, nachdem im Prolog bereits vom *olam* die Rede war, zwei neue Zeitbegriffe ein, *s^{e}man* und *et*. Der *olam* war die »Weltzeit«, das Ganze der Zeit. *S^{e}man* und *et* hingegen beziehen sich auf jeweilige »Gelegenheiten« und bestimmte »Zeitpunkte« *in* der Weltzeit. Während dem vergänglichen Mensch die Weltzeit als Ewigkeit erscheinen muss, in der er vergeht, sind *s^{e}man* und *et* Gelegenheiten und Zeiten, die in der Lebenszeit des Menschen vergehen. Der *olam* ist größer, umfassender als die Lebenszeit des Menschen. Die Lebenszeit des Menschen aber ist wiederum umfassender als *s^{e}man* und *et*. Sie umfasst viele Gelegenheiten und viele Zeiten. Mit der Einführung dieser neuen Zeitbegriffe wird deutlich, dass Qohelet wohl um eine angemessene Verhältnisbestimmung von Weltzeit und Lebenszeit gerungen hat. Wie verhält sich die scheinbar unbegrenzte Dauer der Welt zur knapp bemessenen kurzen Lebenszeit des Menschen?[12]

Zeit wird ja im menschlichen Leben vorrangig als ein Quantitätsproblem betrachtet. Immer scheint uns die Zeit zu kurz, glauben wir keine Zeit zu haben, weil uns die Zeit hat, weil wir dem unerbittlichen Voranschreiten des Zeigers auf der Uhr nicht entkommen. Daher unterlässt der

---

[12] Siehe dazu die Überlegungen von *O. Marqurd* (Anm. 6).

Mensch keinen Versuch, seine Zeit zu vermehren, sie zu verlängern. Das war bereits das klassische Programm der Weisheit Israels im Umgang mit der Zeit:

> »Ja, durch mich (die Weisheit) werden zahlreich deine Tage,
> und die Lebensjahre mehren sich dir.« (Prov 9,11)

Wer die Ethik der Weisheit verinnerlichte und befolgte, der – so die Hoffnung weisheitlicher Erziehung – konnte auf Lebensverlängerung hoffen. Qohelet relativiert diese Sicht der Weisen radikal. Zwar kann der Mensch durch kluges Verhalten einen gewissen Einfluss nehmen auf seine Lebenszeit, aber es wäre eine Illusion, zu glauben, dass er damit dem eisernen Gesetz seiner Zeitlichkeit letztendlich entkommen könnte.

Während der Mensch der Antike in Sachen Lebensverlängerung auf Weisheit, Ethik und Religion setzte, vertraut der Mensch der Moderne den Wissenschaften. Nach einer fortschreitenden Delegitimation von hergebrachter Ethik und Religion in der säkularisierten Moderne gibt sich der »aufgeklärte« Mensch der Hoffnung auf biologische Lebensverlängerung durch lebenserhaltende Reperaturmaßnahmen und anhaltendes Fitnesstraining hin. Sollte es aber der Wissenschaft gelingen, das Alterungsgen schachmatt zu setzen, einen Jungbrunnen oder Baum des Lebens zu entdecken, von dem der Mensch die Frucht des ewigen Lebens essen darf, dann stellt sich allerdings die Frage, ob der *unsterbliche* Mensch wirklich noch der *menschliche* Mensch wäre. Hätte er dann nicht die ihm von Gott gesetzte Todesgrenze (Gen 3,22) überschritten, Gott besiegt und sich selbst an seine Stelle gesetzt? Bedeutete das nicht die Aufhebung der Urdifferenz zwischen dem Schöpfer und seinem Geschöpf?

Qohelet bliebe wohl auch ein Skeptiker gegenüber allen Konzepten einer exzessiven biologischen Lebensverlängerung. Dass diese zu erstaunlichen Erfolgen führt, das würde er als nüchterner Realist nicht bestreiten. Skeptisch aber wäre er gegenüber allen Programmen, seien sie ethischer, religiöser oder auch biologischer Natur, die versuchen, die Zeitlichkeit des Menschen und mit ihr den Tod grundsätzlich zu überlisten. Und dies hat seinen Grund darin, dass er überzeugt davon ist, dass eben nicht der Mensch Herr über die Zeit ist, sondern die Zeit Herr über den Menschen. Die Verlängerung der individuellen Lebenszeit war für Qohelet letztlich immer nur eine Verschiebung und Verzögerung des unumgänglichen Geschicks der Sterblichkeit. Schonungslos hat er die Mentalität der »Machbarkeit« des menschlichen Lebens entlarvt. Denn auch dem intensiv gelebten Leben, und vielleicht sogar gerade diesem, bleiben ja die existentiellen Grunderfahrungen von Schmerz, Vergeblichkeit und Vergänglichkeit nicht erspart. Daher wendet er sich der Lebenszeit als *verfügter* Zeit zu, als einer Zeit, die angefüllt ist mit einer Vielzahl von Zeiten und Gelegenheiten.

Das in diesem Zusammenhang verwendete Nomen *s^{e}man* bezeichnet eine vorher festgelegte, verabredete Stunde. Und auch das Nomen *et* ist kein leerer Zeitbegriff, sondern wird immer mit einem Ereignis oder Vorhaben inhaltlich gefüllt. Diese sind eben jeweils an eine bestimmte Zeit und Stunde gebunden. Zeit ist also mehr als Chronologie und Chronometer. Sie ist immer mit konkretem Leben gefüllte Zeit. Daher wurde die Zeit in der Antike auch nicht nur mit Jahreszahlen, sondern vor allem mit Namen verbunden, etwa den Namen von Königen, die in der jeweiligen Zeit regierten, oder besonderen Ereignissen. Die Zeit war eben »Zeit der Herrschaft von...« und kein anonymer Zeitabschnitt. Nicht nur die technisch gemessene bzw. die am Lauf der Gestirne ablesbare kosmische Zeit prägte das Zeitverständnis der Antike. Die Weisen nahmen die Zeit immer auch als konkrete Lebenszeit von Menschen wahr, die, wie die Herrscher der Länder, der Zeit ihren Stempel aufdrückten. Qohelet nimmt also Abschied von einem lediglich mechanistischen, prinzipiellen Zeitverständnis, das die Zeit nur nach ihrer Länge misst und in gleichmäßige Einheiten einteilt. Ja, er nimmt eigentlich nicht Abschied davon, sondern er hat solch ein rein mechanistisches Zeitverständnis wohl noch gar nicht gekannt. Und er wendet sich der Zeit als einem konkreten Phänomen zu, das gefüllt ist mit Inhalten, Erlebnissen und Erfahrungen, um auf diese Weise zu einem neuen Umgang mit der eigenen Zeitlichkeit zu gelangen.

3.2. Zeit als Gelegenheit (3,2-8)

Durchführung:
»Zeit zum Gebären
und Zeit zum Sterben;
Zeit zum Pflanzen
und Zeit zum Ausreißen von Gepflanztem;
Zeit zum Töten
und Zeit zum Heilen;
Zeit zum Niederreißen
und Zeit zum Aufbauen;
Zeit zum Weinen
und Zeit zum Lachen;
Zeit zum Klagen
und Zeit zum Tanzen;
Zeit, Steine wegzuwerfen,
und Zeit, Steine zu sammeln;
Zeit zum Umarmen
und Zeit, fernzubleiben von Umarmung;
Zeit zum Suchen
und Zeit zum Verlieren;
Zeit zum Aufbewahren
und Zeit zum Wegwerfen;
Zeit zum Zerreißen
und Zeit zum Nähen;
Zeit zum Schweigen
und Zeit zum Reden;
Zeit zum Lieben
und Zeit zum Hassen;
Zeit des Kampfes
und Zeit des Friedens.« (Qoh 3,2-8)

Wenn man im Buch Qohelet das Werk eines Weisheitslehrers sieht, das auch im frühjüdischen Schulbetrieb eine Rolle spielte,[13] dann könnte man Kapitel 3 auch als eine didaktisch besonders gelungene Lehrprobe deuten. Vers 1 wäre die These, die der Lehrer an den Anfang seiner Unterrichtsstunde über das Problem der Zeit gestellt hat. Die Verse 2-8 dienen als Durchführung und Beglaubigung seiner These. Möglicherweise kann man sie sich sogar als Wechselrede zwischen Lehrer und Schülern vorstellen. Der Lehrer gab ein entsprechendes Stichwort vor, während die Schüler in einer an eine Litanei erinnernden Übung das jeweilige Gegenwort dazu suchen mussten. Sie übten sich dabei in der Aufdeckung und präzisen Benennung gegensätzlicher Lebenssituationen. An die Übung schließt der Weisheitslehrer in den Versen 9-22 einen Lehrvortrag mit mehreren Reflexionen über die Zeit an.

Das berühmte, mehrfach vertonte Gedicht von der Zeit (V 2-8), das seinen Weg bis in die DDR-Rockszene bei den Puhdys fand, enthält vierzehn Gegensatzpaare. 28 Mal ruft es das Nomen *et* »Zeit, Zeitpunkt, Gelegenheit« auf. Die 28 ergibt sich aus der Multiplikation der Vier mit der Sieben. Die Sieben ist die Zahl der Vollkommenheit, der Schöpfungswoche (Gen 1,1-2,4a). Am siebten Tag wurden Himmel und Erde vollendet. Die Vier ist die Erdzahl, die die vier Himmelsrichtungen kennzeichnet. Die Multiplikation der Vier mit der Sieben symbolisiert eine in jeder Hinsicht vollkommene irdische Welt. Nichts aber auch gar nichts in dieser Welt fällt aus dem Netz der Zeiten heraus. Wirklich alles, was mir widerfährt, hat seine festgesetzte Stunde, außer der Zeit, denn die Zeit hat uns!

Wer die hier aufgeführten vierzehn Gegensatzpaare aufmerksam durchgeht, dem fällt auf, dass Qohelet Gegensätze auflistet, die menschliches Handeln nicht ausschließen. Die jeweiligen hebräischen Inifinitive sind durchweg aktiv.

---

[13] So *N. Lohfink*, Kohelet, NEB, Würzburg 1980, 12ff.

Der Mensch ist demnach trotz der vorherbestimmten und festgelegten Zeiten und Gelegenheiten nicht zur Passivität verurteilt. Aber das, was er tut, ist eben jeweils an Zeit und Stunde gebunden. Menschliche *Autonomie* ist begrenzt und gebrochen durch die *Heteronomie* der Zeiten, über die der Mensch nicht souverän verfügen kann. Wir sind in unserer *vita activa* bei allem gefordert, was unter der Sonne geschieht. Aber die Zeiten kommen über uns und nehmen uns mit hinein in ein Geschehen, in dem Verantwortung zu übernehmen ist.

Das ist die Entdeckung des Qohelet: Wenn wirklich alles seine Zeit und seine Stunde hat, dann tut nichts mehr Not als die Einweisung in und die Ehrfurcht vor dem rechten Augenblick. Denn er allein ist es, den es in der Gegenwart immer neu zu leben und zu bestehen gilt. Was vergangen ist, das ist abgeschlossen und nicht mehr änderbar. Das kann man nur noch erinnern, gleichsam rückwärts wiederholen, man kann es bedauern oder auch gutheißen. Die Zukunft ist immer noch offen, sie wird noch nicht gelebt, sondern nur befürchtet oder erhofft. Im *Augenblick* aber begegnen sich Vergangenheit und Zukunft, die verfügte Stunde. Sie wird mitbestimmt von der Vergangenheit, auf die ich keinen Einfluss mehr habe, und auch von der Zukunft, auf die ich noch keinen Einfluss habe. Aber im Augenblick, in der Gegenwart, kann, darf und soll ich wirken. Den Augenblick als jeweilige Herausforderung annehmen, in ihm das jeweils Notwendige tun, sich gerade nicht aus der Gegenwart wegträumen in eine ferne Vergangenheit – lag darin der Lebenssinn, den der Weisheitslehrer seinen Schülern in der langen vollkommenen Reihe der Gegensätze einzuprägen versuchte?

Warum ist die Entdeckung der Gegenwart des Augenblicks, für Qohelet so wichtig? Weil allein sie eine Hilfe sein kann, die Gegensätze und Widersprüche des Lebens zu bestehen. Es hat ja sicherlich seinen Grund, dass Qohelet die Lebenszeit eines Menschen als eine Zeit der

Widersprüche dechiffriert. Sie beginnt mit dem existentiellen Grundwiderspruch des Lebens selbst, mit dem Gebären und dem Sterben. Damit sind die wichtigsten Grenzerfahrungen menschlicher Existenz einander gegenübergestellt. Die Geburt ist das Eingangstor in die jeweilige Gegenwart, der Tod ihr Ausgang. Nach ihm bin ich, jedenfalls unter den Bedingungen der Immanenz, nur noch Vergangenheit. Zwischen Geburt und Sterben erstreckt sich ein Weg durch die jeweilige Gegenwart, die angefüllt ist von ganz und gar widersprüchlichen Lebenserfahrungen, vom Pflanzen und Ausreißen, Töten und Heilen, Niederreißen und Bauen, Weinen und Lachen... Diese Widersprüchlichkeiten gilt es offensichtlich als das mir jeweils Gegebene auszuhalten und anzunehmen. Das mag schmerzlich sein, doch zugleich auch tröstlich. Denn die Akten der Gegenwart enthalten ja keineswegs nur die Negativa, sondern beides, das Gute und das Böse. Wir sind also nicht allein dem einen hoffnungslos ausgeliefert, sondern wir haben Anteil an der ganzen Fülle der Wirklichkeit. Die Grenzerfahrungen von Geburt und Sterben begleiten uns auf diese Weise durch unser gesamtes Leben. Mit dem Geborenwerden beginnt bereits der Weg, der zum Sterben führt. Aber der Tod ist eben nicht der einzige Begleiter auf diesem Weg. Bevor er zum Zuge kommt, behauptet das Leben sein Recht.

Diese Ambivalenz der Zeit will bestanden sein. Und der Mensch kann sie bestehen, wenn er auf die Zeiten und Augenblicke achtet. Wenn ihm Gutes widerfährt, dann soll er es in vollen Zügen genießen und nicht vom Gift des Bösen verderben lassen. Und wenn ihm Schlechtes widerfährt, dann gilt es auch das anzunehmen und ihm standhaft zu widerstehen, in der Zuversicht, dass eben auch dieses nur seine jeweilige Zeit und Stunde hat und dem Guten einmal weichen muss.

Das Gedicht von der Zeit wird gerahmt von den Gegensatzpaaren »Gebären – Sterben« (V 2a) sowie »Krieg – Frieden« (V 8b). Diese beiden Paare bilden den Rahmen für alles, was in der immanenten Zeit geschieht. Alles menschliche Handeln vollzieht sich zwischen Geburt und Tod. Der Tod ist für Qohelet durchweg negativ konnotiert. Das bedeutet, dass die ganz und gar mit einem positiven Sinn gefüllte Stunde der Geburt eines Kindes der Anfang eines Weges ist, der im negativen Todeserleben endet. Das Sein wurde nicht erst von *Martin Heidegger* nüchtern als ein »Sein zum Tode« entlarvt, der die große Infragestellung des Lebens ist.[14]

Aber dieser Grundrichtung menschlichen Lebens vom Positiven zum Negativen setzt Qohelet am Ende seines Zeitgedichtes eine Gegenrichtung entgegen. Hier wird gleichsam am Ende der Lebenssinn umgewertet vom Krieg zum Frieden, von der Lebensschlacht zum *schalom*. Ja, das wurde von den Auslegern oft übersehen, dass eben das letzte Wort dieses großen Zeitgedichtes des Qohelet das Wort *schalom*, »Frieden, Heil, Vollkommenheit, Fülle«, ist. Man mag das für einen Zufall halten. Ich kann an diesen Zufall nicht glauben angesichts der sorgfältig durchgeformten Struktur dieses Textes. Die letzte Zeit und Gelegenheit eines Menschen zwischen Geburt und Tod, das ist die Gelegenheit zum *schalom*. Auf uns wartet am Ende die Stunde, in der wir unseren Frieden machen dürfen mit der Welt, mit uns selbst und mit unserem Schöpfer. In der Zwischenzeit, der Lebenszeit gilt aber: *carpe diem!* Denn so lehrt uns der Weise:

> »Ich erkannte, dass nichts besser ist für sie (die Menschen),
> als sich zu freuen und Gutes zu tun in ihrem Leben.
> Denn jeder Mensch, der da isst und trinkt
> und auf das Gute achtet bei all seiner Mühe,
> das ist eine Gabe Gottes.« (Qoh 3,12f.)

---

[14] *M. Heidegger*, Sein und Zeit, Tübingen [12]1972, 235ff.

Wer übers Wasser geht...
Vom Wunder des kleinen Glaubens*

> [22]Und alsbald trieb Jesus seine Jünger, in das Boot zu steigen
> und vor ihm hinüberzufahren, bis er das Volk gehen ließe.
> [23]Und als er das Volk hatte gehen lassen, stieg er allein auf
> einen Berg, um zu beten. Und am Abend war er dort allein.
> [24]Und das Boot war schon weit vom Land entfernt und kam in
> Not durch die Wellen; denn der Wind stand ihm entgegen.
> [25]Aber in der vierten Nachtwache kam Jesus zu ihnen und ging
> auf dem See. [26]Und als ihn die Jünger sahen auf dem See ge-
> hen, erschraken sie und riefen: Es ist ein Gespenst! und schrien
> vor Furcht. [27]Aber sogleich redete Jesus mit ihnen und sprach:
> Seid getrost, ich bin's; fürchtet euch nicht!
> [28]Petrus aber antwortete ihm und sprach: Herr, bist du es, so
> befiehl mir, zu dir zu kommen auf dem Wasser. [29]Und er
> sprach: Komm her! Und Petrus stieg aus dem Boot und ging
> auf dem Wasser und kam auf Jesus zu. [30]Als er aber den star-
> ken Wind sah, erschrak er und begann zu sinken und schrie:
> Herr, hilf mir! [31]Jesus aber streckte sogleich die Hand aus und
> ergriff ihn und sprach zu ihm: Du Kleingläubiger, warum hast
> du gezweifelt?
> [32]Und sie traten in das Boot, und der Wind legte sich. [33]Die
> aber im Boot waren, fielen vor ihm nieder und sprachen: Du
> bist wahrhaftig Gottes Sohn! (Matthäus 14,22-33)

1. War es Blitzeis?

In der Wochenendausgabe vom 5. April 2006 geisterte durch eine Reihe deutscher Zeitungen von der FAZ bis zur Bildzeitung eine amüsante Meldung. Die Bildzeitung mit ihrer ganz eigenen Begabung für knallige Überschriften titelte: »Jesus ging nicht übers Wasser – es war Blitzeis!« Was oder wer hatte diesen Geistesblitz in den deutschen Blätterwald einschlagen lassen? Kein Geringerer als der Pro-

* Bibelarbeit über Matthäus 14,22-33 auf dem Landeskirchentag der Evangelisch-Lutherischen Landeskirche Sachsens in Leipzig im Juni 2014, der unter dem Motto »Hier stehe ich…« stand.

fessor für Physikalische Ozeanographie Doron Nof von der Florida State University in den USA. Der Professor wagte die Hypothese, da es zwischen 600 vor und 500 nach Christus im Nahen Osten einige strenge Winter gegeben habe, könne der See Genezaret teilweise zugefroren gewesen sein, und Jesus habe wahrscheinlich auf einer Eisscholle gestanden, als er seinen Jüngern auf dem See begegnete. Was soll man dazu sagen? »Lieber Herr Kollege Nof: Ozeanographie und historische Klimakunde ›sehr gut‹ (1), Religion ›ungenügend‹ (5).« Also Vorsicht vor dem Blitzeis! Da ist schon mancher gehörig auf die Nase gefallen.

Und nun stelle ich mir vor, Prof. Nof wäre unter uns und nähme mich diskret zur Seite, um mir die Gretchenfrage zu stellen. Dem Motto des Kirchentages getreu würde er fragen: »Wo stehst du, lieber Freund? Muss denn ein Christenmensch daran glauben, dass Jesus tatsächlich übers Wasser ging?«

Wo also stehe ich, und wo steht ihr in dieser Frage? Jetzt, liebe Freunde, muss ich wohl den einen oder anderen enttäuschen. Aber meine Antwort lautet: »Nein, *das* muss ein Christenmensch nicht glauben!« Daraufhin Professor Nof: »Aber, Herr Kollege, dann sind wir uns doch einig.« Und wiederum müsste ich sagen: »Nein, wir sind uns ganz und gar nicht einig!« »Wieso denn das?« »Weil Matthäus seine Leser mit der wunderbaren Erzählung vom Seewandel Jesu nicht dazu verlocken wollte an Mirakel zu glauben, sondern an Jesus als Retter des Lebens.« »Das müssen Sie erklären«, sagt Doron Nof. Also lasst es uns versuchen.

2. Die Sprache der Religion und die Sprache der Dichter

Die Sprache der Religion und die Sprache der Dichter, das sind Zwillingsbrüder. Zwei Dialekte, die nach einer Welt hinter der Welt der sichtbaren Dinge tasten. Sie informieren nicht nur über einen Gegenstand oder einen Sachverhalt in der Welt, nicht über Klimakunde, Ozeanographie oder Blitzeis. Das überlassen sie gerne denen, die mehr davon verstehen, den Wissenschaftlern, Klima- und Meeresforschern. Die Sprachen der Religion und der Dichter reden wie der Prophet Jesaja und der Apostel Paulus über das,

> »was kein Auge je gesehen hat
> und kein Ohr je gehört hat.« (Jes 64,3; 1 Kor 2,9)

Sie arbeiten sich am Unsichtbaren, Unhörbaren, ja, Unerhörten ab, an Gott.

Der Evangelist Matthäus war einer dieser großen Gottespoeten der Bibel. Einer, der sich mit den äußeren, irdischen Lebensdaten Jesu von seiner Geburt bis zu seinem Tod auf Golgota nicht zufrieden gab. Mit seinem Evangelium wollte er nicht nur dem gekreuzigten, toten Jesus ein Denkmal setzen, sondern vom auferweckten, lebendigen Christus Zeugnis geben. Nicht allein der Menschensohn war ihm wichtig, sondern der Gottessohn. Nicht nur Jesus als der wahrhaftige Mensch, sondern Christus als der wahrhaft menschliche Gott. Dass im sichtbaren, irdischen Leben dieses jüdischen Wanderpredigers aus Nazaret die unsichtbare Welt Gottes aufleuchtete, davon zu berichten, das war und ist nur in der Sprache der beiden Zwillingsbrüder möglich, in der Sprache der Religion und der Poesie. Und Matthäus war einer ihrer Meister.

3. Die Welt Gottes und die Welt der Menschen

Gleich zu Beginn der Erzählung vom Seewandel Jesu stellt Matthäus die unsichtbare Welt Gottes und die sichtbare Welt der Menschen einander gegenüber.

»Und als er (Jesus) das Volk hatte gehen lassen, stieg er allein auf einen Berg, um zu beten. Und am Abend war er dort allein.« Das Stimmengewirr des Volkes verklingt in der

Ebene. Die große Stille des Abends hüllt den Bergwanderer ein. Das Licht der Sonne erlischt. Unendliche Ruhe, unendlicher Frieden liegt über dem Land. Zeit der Einkehr, Zeit der Einsamkeit, ein Zipfel der Ewigkeit inmitten endlicher Tage und Jahre.
Das waren sie schon immer für die Alten und auch für das Volk Israel, die Berge, Orte der Gottesnähe, Orte der Ewigkeit im Getriebe der Zeit, Orte der Stille, die vom Lärmen der Menschen in den Tälern nichts wissen. Orte der großen Söhne des Gottesvolkes Israel. Hatte Gott einst nicht Mose, den Erzpropheten, in die Wolke hineingerufen, die den Gipfel des Sinai hüllte (Ex 19,20-25; 24)? Und war er nicht Elia erschienen am Horeb? Aber nicht im Sturmwind erschien er, der die Berge zerriss und die Felsen zerschmiss, und nicht im Beben und nicht im Feuer, sondern in einem sanften, verschwebenden Schweigen (1 Kön 19)? Mose, Elia und nun also auch Jeschua, Jesus, der Wanderprediger aus Nazaret. Alles das, diese ganze Welt der Bibel und der Gottesberge Israels brachte Matthäus, der Gottespoet, bei seinen kundigen Lesern zum Klingen, diese ganze geheimnisvolle, unsichtbare, stille Welt der Gottesnähe, in die Jesus eintrat, als er am Abend allein auf den Berg stieg, um zu beten.

Es folgt ein harter Schnitt: »Und das Boot war schon weit vom Land entfernt und kam in Not durch die Wellen; denn der Wind stand ihm entgegen.« Das ist die Welt der Jünger Jesu, die Welt von Menschen, die kein Land mehr sehen. Immer gefährdet, immer in Not. Mitten durch Sturm und hohe Wellen geht die Lebensreise dahin. Immer bläst dir eine steife Brise ins Gesicht. Unter uns ein schwankender, tiefer Abgrund, in den das Lebensschifflein zu sinken droht. Das Eis der Zivilisation und Menschlichkeit ist dünn. Das wissen unsere vertriebenen christlichen Schwestern und Brüder im Irak und in Syrien, die auf der Flucht sind. Das wissen die einfachen Menschen in der Ostukraine, die zur Manövriermasse imperialer Ansprüche, zynischer

Lügen und nationalistischer Hetze geworden sind. Das wissen die fast schon wieder vom Weltgewissen vergessenen mehr als 200 von der islamistischen Terrorgruppe Boko Haram entführten Schulmädchen in Nigeria und ihre Eltern, die um sie bangen.

Um uns und über uns die Dunkelheit der Nacht, die Abgründe des Bösen, in denen sich das Leben verliert. Kein Weg, kein Steg, keine Richtung, kein Ziel! Wer kennt sie nicht, diese finsteren Stunden, in denen sich die Angst wie ein eiserner Ring ums Herz legt? Stunden der Anfechtung, die den Glauben und das Vertrauen ins Leben auszehren. In solchen Stunden betete Israel seine Psalmen:

> »Gott, hilf mir!
> Denn das Wasser geht mir bis an die Kehle.
> Ich versinke in tiefem Schlamm,
> wo kein Grund ist;
> ich bin in tiefe Wasser geraten,
> und die Flut will mich ersäufen.« (Ps 69,2-3)

Auch diese Gebete aus dem Schatzkästlein der Gottespoesie Israels stiegen im Herzen der Leser des Matthäus auf, als sie die Jünger Jesu auf dem See mit den Wellen kämpfen sahen.

Welt Gottes – Welt der Menschen; Welt der einsamen Gipfel der Berge – Welt der Stürme und Tiefen des Meeres; Welt unendlicher Stille und Geborgenheit – Welt des großen Lärms und des Verlorenseins; Welt der Anfechtung – und Welt des Glaubens. Wer führt die auseinandergefallenen Welten Gottes und der Menschen wieder zusammen?

4. Vom blinden Wunderglauben

»Aber in der vierten Nachtwache kam Jesus zu ihnen und ging auf dem See. Und als ihn die Jünger sahen auf dem See gehen, erschraken sie und riefen: Es ist ein Gespenst! Und schrien vor Furcht.»

So mag das zugehen, wenn einer, der in der stillen Welt Gottes zu Hause ist, plötzlich eintritt in die lärmende Welt der Menschen. Da gerät alles durcheinander. Da lösen sich die Koordinaten von Raum und Zeit auf. Da kommt unsere ganze so sorgfältig präparierte Ordnung der getrennten Welten von Gott und Mensch, Alltag und Sonntag, Glauben und Wissen durcheinander. Da verschwimmen die Konturen. Da sieht der Mensch plötzlich Gespenster. Im Griechischen steht da das Wort *phantasma* – »Erscheinungen, Traumbilder, Phantastereien«. Da werden die Gesetze unserer Alltagslogik und der Physik außer Kraft gesetzt, denn die Gottespoesie hat – wie Matthäus wusste – ihre eigene Logik und Grammatik. Da kann ein Mensch, was Menschen nicht können, übers Wasser gehen, über tödliche Abgründe schreiten. Und – große Überraschung! – keiner klatscht ihm Beifall für das gelungene Zauberstückchen, keiner rühmt den Wundertäter! Selbst seine engsten Schüler und Gefährten sind blind für ihn und schreien vor Angst. Denn das wussten die Alten: Einer, der so etwas kann, das kann kein Mensch sein. Das wussten sie aus vielen Geschichten von Magiern und Wundertätern, die man sich in den Häusern erzählte. Wer das kann, übers Wasser laufen, das muss ein Gott sein und kein Mensch, oder ein Göttersohn, der die Menschen auf der Erde foppt; oder wenigstens einer von der sagenhaften Insel, auf der die Menschen mit den dicken, breiten Korkfüßen leben, von der einst der griechische Schriftsteller Lukian fabulierte.

Was also sahen die Jünger Jesu? Ein Mirakel, ein Gespenst! Und das machte sie blind für Jesus. Das versetzte sie in Angst und Schrecken. Sollte uns das nicht zu denken geben? Offensichtlich gibt es unter den Anhängern Jesu eine Art, auf das Wunder zu starren, sich von ihm blenden zu lassen, die blind macht für Jesus; eine Art, sich und den eigenen Glauben von den Wundern derart fixieren zu lassen, durch die der Wundertäter zum Gespenst wird. Ein Glaube, der sich in guten Zeiten als Gottvertrauen verkaufen mag, in Wirklichkeit aber aus einer tiefen Gottesangst besteht. *»Sie schrien vor Furcht!«* Wer befreit den Menschen aus seinen Ängsten, den Menschen, dem alle Koordinaten des Lebens und des Glaubens durcheinander geraten?

»Aber sogleich redete Jesus mit ihnen und sprach: Seid getrost, ich bin's; fürchtet euch nicht.« Nicht das Wunder öffnet die Augen, sondern die Worte Jesu sind's. An ihnen erkennen die Schüler im Boot ihren Meister mitten in den Stürmen des Lebens. Sein Zuspruch – »Seid getrost/fasst Mut; fürchtet euch nicht« –, er reißt sie aus ihren Ängsten. Und sein schlichtes »Ich bin's« macht sie hellhörig. Denn – auch darin erweist sich Matthäus wieder als ein Meister der Gottespoesie – in diesen so schnell überlesenen Worten »Ich bin's« liegt das eigentliche Wunder Jesu verborgen.

Für die mit den heiligen Schriften Israels vertrauten Jünger Jesu und die im jüdischen Glauben verwurzelten Leser des Matthäus verbarg sich hinter dem unscheinbaren »Ich bin's« mehr als nur ein Hinweis auf sich selbst und seine Person, mehr als nur eine Erinnerung an den Zimmermannssohn aus Nazaret, der mit ihnen predigend und heilend durchs Land gezogen war. Hinter diesen beiden Worten »Ich bin's« stand für den frommen Juden der Gott Israels selbst. »Ich bin, der ich bin« (Ex 3,14)! Das waren die Worte, mit denen er sich einst dem Mose am Sinai offenbart hatte, als dieser ihn nach seinem Namen fragte. »Ich bin's«, das war und ist der heilige *Name Gottes*. Im Zeichen dieses Namens wurde Israel aus dem Sklavenhaus in Ägypten und durchs Schilfmeer geführt, als die Wellen der Angst drohten, über ihnen zusammenzuschlagen. Diese ganze große Befreiungsgeschichte Israels, der Befreiung aus Elend, Angst und Not, sie hat Matthäus mit den Worten »Ich bin's« in die wunderbare Erzählung vom Seewandel Jesu eingeschrieben. Der Name Gottes wird zum Namen Jesu, zum Namen desjenigen, »den kein Auge je gesehen und kein Ohr je gehört hat«. Und wenn daher Jesus seinen Jüngern zurief: »Seid getrost/mutig! Fürchtet euch nicht! Ich bin's!«, dann bedeutete das nicht mehr und nicht weniger als dies, dass der Gott Israels jetzt selbst bei ihnen auf dem See ist. »Hier stehe ich«, und hier steht er und kein Nachtgespenst! Er in mir und ich in ihm, die lebendige Wirklichkeit Gottes mitten in den Stürmen der Zeit. Der Schöpfer des Himmels und der Erde, der Macht hat über den Sturm und die Wellen, er ist es, der durch mich spricht: »Seid getrost/fasst Mut, fürchtet euch nicht!«

Einer aber will es ganz genau wissen: »Petrus antwortete ihm und sprach: Herr, bist du es, so befiehl mir, zu dir zu kommen auf dem Wasser.« Ja, liebe Freunde, so ist das mit uns Christenmenschen, auch nicht anders als mit anderen Zeitgenossen. Einer will es immer ganz genau wissen. So ist das mit uns in der Kirche und auch und vielleicht ganz besonders in der Sächsischen Landeskirche. Immer gibt es welche, die es ganz genau wissen wollen. Immer gibt es einen, der alle Zweifel und alle Anfechtung aus dem Weg räumen will. Immer gibt es einen, der glaubt, er nähme seinen Glauben ganz besonders ernst, ernster jedenfalls als die anderen. Einen, der das dem Menschen Unmögliche möglich machen will. »Befiehl mir, zu dir zu kommen auf dem Wasser.« Und was geschieht?

Jetzt muss der, der es ganz genau wissen will, eine harte Lektion in der Schule des Glaubens lernen. Jesus spricht: »Komm her!« Petrus schwingt sich aus dem Boot, geht auf Jesus zu. Aber da steht ihm plötzlich nicht mehr Jesus vor Augen, sondern nur noch der Wind. Die nackte Angst, im Abgrund zu versinken, ist ihm ins Gesicht geschrieben. Der, der es ganz genau wissen wollte, der das Menschen Unmögliche möglich machen wollte, der glaubte, seinen Glauben ganz besonders ernst zu nehmen, er versank in der Furcht. Sein Glaube hat ihn nicht getragen, war auch nicht stärker als der Glaube derer, die im Boot zurückgeblieben waren.

Nur gut, dass Petrus die Psalmen Israels kannte, die Worte des Lebens. Nur gut, dass er ihn nicht vergessen hatte, den Hilferuf seines Volkes:

> »Gott, hilf mir! [Herr, hilf mir!]
> Denn das Wasser geht mir bis an die Kehle.« (Ps 69,2)

»Jesus aber streckte sogleich die Hand aus und ergriff ihn und sprach: Du Kleingläubiger, warum hast du gezweifelt?«

Das soll uns eine rechte Schulstunde in Glaubensfragen sein. Da hatte der Petrus der Bibel, und da hat der Petrus in mir selbst, der ich doch auch immer alles ganz genau wissen will, eine kräftige Lektion zu lernen. Da musste der Petrus der Bibel und da muss der Petrus in mir selbst dem Abgrund seiner eigenen Ängste und seiner eigenen Zweifel in den Rachen schauen. Da steht am Ende kein anderer als der, der es auch nicht besser weiß als die Väter und Mütter seines Volkes und die Jünger im Boot auf stürmischer See. Einer, dem am Ende nichts anderes bleibt als der schlichte Ruf: »Herr, hilf mir!«

5. Vom Lob des kleinen Glaubens

Und nun, liebe Freunde, wollen wir am Ende nicht den Stab über Petrus brechen, der immer alles genau wissen wollte. Nicht über den Petrus der Bibel, nicht über den Allesbescheidwisser-Petrus, der in mir selbst immer wieder sein Unwesen treibt, und schon gar nicht über den sehr respektablen Bischof von Rom, der auf der Kathedra Petri sitzt und das Petrusamt versieht. Über den ganz bestimmt nicht! Nun soll und muss Petrus wohl auch einmal gepriesen werden! Gepriesen dafür, dass er überhaupt einen kleinen Glauben hatte. Denn immer noch besser ein kleiner Glaube als gar kein Glaube. Besser ein Glaube, der am Ende auch nicht schlauer sein will als die Beter Israels. Besser ein Glaube, der immer noch weiß – wenn er auch schwach und brüchig und voller Zweifel ist –, bei wem ein Mensch in der Not Trost und Hilfe findet. Besser ein Glaube, der nicht auf seine Stärke pocht und in seiner Armseligkeit und Gebrochenheit am Ende auch nicht mehr weiß und wissen will als den ehrlichen Ruf: »Herr, hilf mir, rette mich!« Von solchen Christenmenschen hat Martin Luther einmal in einer Predigt über die Stillung des Seesturms durch Jesus (Mt 8,23-27) gesagt: »Wellen, Wind, Meer treiben alle miteinander zum Tode zu, das Schifflein ist ganz mit Wellen bedeckt. Wer sollte in solcher Not und tödlicher Gefahr nicht erblassen? Aber der Glaube, wie schwach er auch ist, er hält doch wie eine Mauer und stellt sich wie der kleine David wider Goliath, das heißt [wider] Sünde, Tod und alle Gefährlichkeit. [...] Daher ist's eine große Gnade Gottes, wenn wir auch einen schwachen Glauben haben, dass wir nicht unter dem Haufen derer sind, die an Gottes Hilfe verzweifeln.«[1] Gott Lob, dass er uns geblieben ist, der kleine Glaube derer, die nach der Hilfe des Christus rufen.

»Und sie traten in das Boot, und der Wind legte sich. Die aber im Boot waren, fielen vor ihm nieder und sprachen: Du bist wahrhaftig Gottes Sohn!« Ja, liebe Mitchristen, am Ende ist's auf stürmischer See wohl doch besser, *im* Boot zu sitzen, als *draußen* zu wandeln, vor allem, wenn er, Christus, selbst mit im Boot sitzt. Man weiß ja nie so recht, wo gerade die Eisscholle treibt. Am Ende scheint's für uns Menschen mit unserem kleinen Glauben wohl doch angebrachter zu sein, durch die stürmischen Wellen zu fahren, als über das schäumende Wasser laufen zu wollen. Am Ende ist's wohl doch am besten, wenn wir dem lebendigen Christus bei uns einen Platz einräumen im Boot des Lebens. Vor allem dann, wenn die Fahrt durch Sturm und Wellen geht. Denn vor den Stürmen des Lebens bleibt auch der Christenmensch nicht bewahrt. Im Gegenteil! Zu-

[1] *M. Luther*, Predigten, hrsg v. K. Aland, Göttingen 2002, 98f.

weilen stellt sich der Eindruck ein, dass er noch viel tiefer in den Abgrund der Zweifel, der Häme und des Bösen schauen muss als der, der den Mut aufbringt, seine irdischen Tage ohne Gott zu leben.

»Ich bin nicht mutig«, sagt die Dichterin Marie Luise Kaschnitz.[2] Und ich, liebe Freunde, schäme mich nicht, ihr darin zuzustimmen. So mutig bin ich nicht, meinen Weg ohne Gott zu gehen, ohne den lebendigen Christus. So mutig bin ich nicht, darauf zu bauen, dass ich mir in allen Stürmen des Lebens selbst zu helfen weiß. Hier stehe ich mit meinem kleinen Glauben und vertraue darauf, dass der, der mich durch Wind und Wellen fahren lässt, mich zwar nicht *vor* den Stürmen, aber *in* den Stürmen retten will. Er, der lebendige Christus, er, der Sohn Gottes bei mir und bei dir im Boot des Lebens, im Boot derer mit dem kleinen Glauben.

Und noch einmal, ein letztes Mal, raunt mir Professor Doron Nof ins Ohr: »Das mit dem Blitzeis, das war doch nur so eine flotte Idee. Habt ihr denn noch einen Platz für mich im Boot der Kleingläubigen? Man weiß ja nie, wie lange uns das Eis des Lebens noch trägt.« »Aber immer, lieber Kollege Nof. Das Boot des Glaubens ist noch lange nicht voll!«

---

[2] *M. L. Kaschnitz*, Kein Zauberspruch. Gedichte, Frankfurt a. M. 1972, 57.

– Von Babel bis an das Ende der Welt. Gott, Welt und Mensch nach 1. Mose 11,1-9, in: Quellen und Forschungen zur Diasporawissenschaft. Beiheft Evangelische Diaspora 9, Leipzig 2011, 6-20.

– Gott lässt sich besiegen. Jakobs Kampf am Jabboq, in: DAS PLATEAU No 144. Die Zeitschrift im Radius-Verlag, Stuttgart 2014, 4-16.

– Gottes Wohnungen im Alten Testament, in: Chr. Ammer (Hg.), Überleben. Gabe und Aufgabe. Festgabe der Evangelischen Forschungsakademie für Andreas Lindemann zum 70. Geburtstag, Hannover 2013, 61-84.

– »Man lobt dich in der Stille« (Psalm 65,2). Über Gott und das Schweigen in den Psalmen, in: Leqach 9. Mitteilungen und Beiträge der Forschungsstelle Judentum, Leipzig 2009, 7-19.

– Hiob – Grenzgänger des Glaubens. Vom Umgang mit Leid und Schmerz, erschien zuerst unter dem Titel »Gott und Leid im Buch Hiob – Eine theologische Meditation«, in: R.-M. E. Jacobi/B. Marx (Hg.), Schmerz als Grenzerfahrung, Erkenntnis und Glaube 43, Leipzig 2011, 215-237.

Bitte, beachten Sie auch die folgenden Seiten

Lieferbare Radius-Bücher. Eine Auswahl

Martin Bauschke: Abraham und Aschenputtel
Brückenschlag zwischen Bibel und Märchen
Gerhard Begrich: Engel und Engelgeschichten in der Bibel
Gerhard Begrich: Namen und Namengeschichten in der Bibel
Gerhard Begrich: Schönheit sollst du schauen. Theologie und Poesie
Gerhard Begrich/Jörg Uhle-Wettler (Hg.): Vergessene Texte
Bd. 1: Mit den fünf Büchern Mose durch das Kirchenjahr
Bd. 2: Mit den Propheten durch das Kirchenjahr
Bd. 3: Mit den Psalmen durch das Kirchenjahr
Bd. 4: Mit den Apokryphen durch das Kirchenjahr
Peter Bichsel: Im Hafen von Bern im Frühling
Peter Bichsel: Möchten Sie Mozart gewesen sein?
Hans-Ulrich Carl: An-Sichten
99 Versuche, sich einem Bild zu nähern am Beispiel
der »Kreidefelsen auf Rügen« von Caspar David Friedrich
Christoph Dinkel (Hg.): Im Namen Gottes
Kanzelreden zu den sechs Perikopenreihen. 6 Bände
Wolfgang Erk (Hg.): Für diesen Tag und für alle Tage Deines Lebens
Wolfgang Erk (Hg.): Neues Jahr – neues Glück!
Literarische Texte zum Geburtstag und zur Jahreswende
Wolfgang Erk (Hg.): Viele gute Wünsche. Literarische Annäherungen
Wolfgang Erk/Martin Scharpe: 50 Jahre Radius-Verlag. Eine Chronik
Marcell Feldberg (Hg): Tod und Abschied
Texte zur Trauer und darüber hinaus
Marcell Feldberg: In der Gleiswildnis. Hölderlins Coffer
Ulrich Finckh: Vom heiligen Krieg zur Feindesliebe Jesu
Beiträge zu Rechtsstaat und Friedensethik
Traugott Giesen: BIBEL-Energie. Die wichtigsten Bibeltexte –
von damals, aber so gar nicht von gestern
Hannah Green: Ich hab dir nie einen Rosengarten versprochen
Peter Härtling: 80 – Versuch einer Summe
Peter Härtling: Meine 75 Gedichte und zehn neue
Gotthold Hasenhüttl: Christen gegen Christen
Der Streit um das gemeinsame Abendmahl
Klaus-Peter Hertzsch: Chancen des Alters. Sieben Thesen
Klaus-Peter Hertzsch: Der ganze Fisch war voll Gesang
Klaus-Peter Hertzsch: Sag meinen Kindern, dass sie weiterziehn
Erinnerungen
Klaus-Peter Hertzsch: Die Stärken des Schwachen
Erinnerungen an eine gefährliche Zeit

Reinhard Höppner/Michael Karg (Hg.):
Das Erbe der Bekennenden Kirche in der DDR
Reinhard Höppner/Joachim Perels (Hg.):
Das verdrängte Erbe der Bekennenden Kirche
Walter Jens: Der Teufel lebt nicht mehr, mein Herr!
Erdachte Monologe – imaginäre Gespräche
Walter Jens: Das A und das O. Die Offenbarung
Walter Jens: Der Römerbrief
Walter Jens: Die vier Evangelien
Klaus-Peter Jörns: Glaubwürdig von Gott reden
Gründe für eine theologische Kritik der Bibel
Eberhard Jüngel: Anfänger
Herkunft und Zukunft christlicher Existenz
Eberhard Jüngel: Außer sich. Theologische Texte
Eberhard Jüngel: Beziehungsreich. Perspektiven des Glaubens
Eberhard Jüngel: Erfahrungen mit der Erfahrung
Eberhard Jüngel: Predigten, Bde. 1 bis 7 *(auch einzeln erhältlich)*
Otto Kaiser: Das Buch Hiob. Übersetzt und eingeleitet
Otto Kaiser: Kohelet. Das Buch des Predigers Salomo
Otto Kaiser: Weisheit für das Leben. Das Buch Jesus Sirach
Otto Kaiser: Die Weisheit Salomos
Otto Kaiser: Weihnachten im Osterlicht
Eine biblische Einführung in den christlichen Glauben
Wolf Krötke: Aufatmen
Ost-westliche Einübungen in die christliche Freiheit
Werner Krusche: Ich werde nie mehr Geige spielen können
Erinnerungen
Gerd Lüdemann/Martina Janßen: Bibel der Häretiker. Nag Hammadi
Henning Luther: Frech achtet die Liebe das Kleine
Biblische Texte in Szene setzen. Spätmoderne Predigten
Henning Luther: Religion und Alltag
Bausteine zu einer Praktischen Theologie des Subjekts
Kurt Marti: DU. Rühmungen
Kurt Marti: geduld und revolte. die gedichte am rand
Kurt Marti: Die gesellige Gottheit. Ein Diskurs
Kurt Marti: gott gerneklein. gedichte
Kurt Marti: Gott im Diesseits. Versuche zu verstehen
Kurt Marti: Heilige Vergänglichkeit. Spätsätze
Kurt Marti: Prediger Salomo. Weisheit inmitten der Globalisierung
Kurt Marti: Die Psalmen. Annäherungen
Kurt Marti: Ungrund Liebe. Klagen, Wünsche, Lieder
Kurt Marti: Von der Weltleidenschaft Gottes. Denkskizzen

Gerhard Marcel Martin: Das Thomas-Evangelium
Gerhard Marcel Martin: Was es heißt: Theologie treiben
Pierangelo Maset: Geistessterben. Eine Diagnose
Pierangelo Maset: Wörterbuch des technokratischen Unmenschen
Elisabeth Moltmann-Wendel: Gib die Dinge der Jugend
mit Grazie auf. Texte zur Lebenskunst
Elisabeth Moltmann-Wendel: Der auf der Erde tanzt
Spuren der Jesusgeschichte
Karl-Heinz Ronecker: Liedpredigten. Von Advent bis in die österliche Zeit. Mit einem Vorwort von Wolfgang Huber
Karl-Heinz Ronecker: Mit Literatur predigen
Martin Scharpe (Hg.): Erdichtet und erzählt I und II
Das Alte / Das Neue Testament in der Literatur
Martin Scharpe / Wolfgang Erk (Hg.): Tag für Tag
Literarisches Geburtstagsbuch
Asta Scheib (Hg.): Atem der Erde. Lyrik zu den vier Jahreszeiten
Wieland Schmied: Bilder zur Bibel
Maler aus sieben Jahrhunderten erzählen das Leben Jesu
Wieland Schmied: Von der Schöpfung zur Apokalypse
Bilder zum Alten Testament und zur Offenbarung
Wieland Schmied: Ochs und Esel und andere Tiere der Bibel
52 Meisterwerke der europäischen Malerei
Gunda Schneider-Flume: Realismus der Barmherzigkeit
Friedrich Schorlemmer (Hg.): Das soll Dir bleiben
Für morgens und abends
Fulbert Steffensky: Gewagter Glaube
Fulbert Steffensky: Mut zur Endlichkeit
Sterben in einer Gesellschaft der Sieger
Fulbert Steffensky: Der Schatz im Acker. Gespräche mit der Bibel
Fulbert Steffensky: Schöne Aussichten. Einlassungen auf biblische Texte
Fulbert Steffensky: Schwarzbrot-Spiritualität
Fulbert Steffensky: Wo der Glaube wohnen kann
Fulbert Steffensky: Die Zehn Gebote
Fulbert Steffensky (Hg.): Ein seltsamer Freudenmonat
24 Adventsgedichte und 24 Adventsgeschichten
Jörg Uhle-Wettler: Spiel mir das Lied vom Leben
Hanna Wolff: Jesus als Psychotherapeut
Eva Zeller: Das unverschämte Glück. Neue Gedichte

Radius-Verlag · Alexanderstraße 162 · 70180 Stuttgart
Fon 0711.607 66 66 Fax 0711.607 55 55
www.Radius-Verlag.de e-Mail: info@radius-verlag.de